MITTENDRIN & *hoch hinaus*

LESEBUCH FÜR DAS **6.** SCHULJAHR

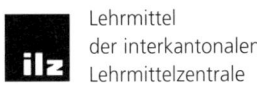

Lehrmittel
der interkantonalen
Lehrmittelzentrale

INHALTSVERZEICHNIS

Nr.		Seite
1	Das Haus im Moor	4
2	Krabat	5
3	Neue Bildungen, der Natur vorgeschlagen	9
4	Niederländisch	10
5	Es bärndütsches Gschichtli	11
6	Fussball – ein Spiel für Intellektuelle	13
7	Ein Traum vom Fussball	14
8	Hier kommt Desirée	18
9	Tintenherz	20
10	Niki de Saint Phalle	28
11	Stefan	32
12	Ich liebe dich	33
13	Sie kam, sah und simste	34
14	Im Speisewagen	35
15	Mit Tieren ist man nie allein	36
16	Kleiner Streit	37
17	Die Satzzeichentragödie	38
18	Ein SMS für Lola	39
19	Mehndi	44
20	Das Glück	46
21	Mein Herz ist im Libanon	48
22	Wie es allmählich bis zu mir kam	51
23	Der weisse Tod	52
24	ebbeflut	56
25	Heimat Lose	57
26	Stell dir vor	58
27	Produktnamen	59
28	Ein Hauch von Mailand	60
29	Meine Ferien	64
30	Weltenbummler	65
31	Die weite Welt	66
32	Der Papalagi	67
33	Die schwarzen Brüder	70
34	Ich will dich heut nicht sehen	74
35	Ich bin anders	75
36	Stephen Hawking – der «Meister» des Universums	76
37	Bin ich schön?	80

Nr.		Seite
38	Die Sanduhr	81
39	Jufle	82
40	Gedichte im Leben von Jack	84
41	Die Geschichte vom Holzwurm	88
42	Das Löwengebrüll	90
43	Geisterfahrer	92
44	Eine Gespenstergeschichte	98
45	Du schwarz	104
46	Turnhalle des Grauens	105
47	Ihr und Ich	112
48	Zuckerwattenblau	114
49	Erlkeenig Dr, Der Erlkönig	118
50	Im Land der Elfen	120
51	Als die Welt noch nicht vorhanden war	122
52	Das Bermuda-Dreieck	123
53	Nachtflügel	125
54	Gwydion	128
55	Werde ich	132
56	Witz 1	133
57	Streng geheim	133
58	Wenn ich traurig bin	137
59	Fast ein Jahr	138
60	Radu und der Mann, der reden wollte	140
61	Liebe kleine Schwester	146
62	Lieber grosser Bruder	147
63	Der Traum vom Fliegen	148
64	Witz 2	150
65	Ob ich ihr sag, dass ich sie mag?	151
66	Wo beginnt der Himmel	152
67	Dialog mit einem Stern	155
68	An einem bestimmten Punkt	156
69	Ganz schön zeitkritisch	157
70	Novemberwind	158
71	Witz 3	169
72	Aller Anfang ist schwer	170

1 DAS HAUS IM MOOR
Erwin Moser

Einsam steht ein Haus im Moor.
Es ist Vollmond.
Leise gluckst es im Sumpf
und eine zerzauste Pappel rauscht im Wind.
Es ist kurz vor Mitternacht.
Werden sie heute wieder kommen?

Wer?
Na, die Sumpfgeister,
die Moorhexen,
die glotzäugigen Wassermänner,
die Fledermäuse,
die Wasserwölfe,
die Bisamratten,
die Schilfzwerge,
die langen Schlangen,
die Moorgespenster und die Vampire!

Noch ist es still.
Noch rührt sich nichts.
Vielleicht trauen sie sich heute nicht
aus ihren Schlupflöchern,
weil der Mond so hell scheint?

② KRABAT
Otfried Preußler

Die Mühle im Koselbruch

Es war in der Zeit zwischen Neujahr und dem Dreikönigstag. Krabat, ein Junge von vierzehn Jahren damals, hatte sich mit zwei anderen wendischen Betteljungen zusammengetan, und obgleich Seine allerdurchlauchtigste Gnaden, der Kurfürst von Sachsen, das Betteln und Vagabundieren in Höchstderoselben Landen bei Strafe verboten hatten (aber die Richter und sonstigen Amtspersonen nahmen es glücklicherweise nicht übermässig genau damit), zogen sie als Dreikönige in der Gegend von Hoyerswerda von Dorf zu Dorf: Strohkränze um die Mützen waren die Königskronen; und einer von ihnen, der lustige kleine Lobosch aus Maukendorf, machte den Mohrenkönig und schmierte sich jeden Morgen mit Ofenruss voll. Stolz trug er ihnen den Bethlehemstern voran, den Krabat an einen Stecken genagelt hatte.

Wenn sie auf einen Hof kamen, nahmen sie Lobosch in die Mitte und sangen: «Hosianna Davidssohn!» – das heisst: Krabat bewegte nur stumm die Lippen, weil er gerade im Stimmbruch war. Dafür sangen die anderen Hoheiten umso lauter, da glich sich das wieder aus. Viele Bauern hatten auf Neujahr ein Schwein geschlachtet, sie beschenkten die Herren Könige aus dem Morgenland reichlich mit Wurst und Speck. Anderswo gab es Äpfel, Nüsse und Backpflaumen, Honigbrot manchmal und Schmalzküchlein, Anisplätzchen und Zimtsterne. «Das Jahr fängt gut an!», meinte Lobosch am Abend des dritten Tages, «so dürfte es bis Silvester weitergehen!» Da nickten die beiden Majestäten gemessen und seufzten: «Von uns aus gern!»

Die folgende Nacht verbrachten sie in der Schmiede von Petershain auf dem Heuboden; dort geschah es, dass Krabat zum ersten Mal jenen seltsamen Traum hatte.

[...]

Krabat träumte dreimal von den elf Raben, von denen einer immerzu krächzte, er solle nach Schwarzkollm in die Mühle kommen. Schliesslich machte Krabat sich auf den Weg.
[...]
Von Dorf zu Dorf fragte Krabat sich weiter. Der Wind trieb ihm Schneekörner ins Gesicht, alle paar Schritte musste er stehen bleiben und sich die Augen wischen. Im Hoyerswerdaer Forst verlief er sich, brauchte zwei volle Stunden, bis er die Strasse nach Leippe wiederfand. So kam es, dass er erst gegen Abend sein Ziel erreichte.

Schwarzkollm war ein Dorf wie die anderen Heidedörfer: Häuser und Scheunen in langer Zeile zu beiden Seiten der Strasse, tief eingeschneit; Rauchfahnen über den Dächern, dampfende Misthaufen, Rindergebrüll. Auf dem Ententeich liefen mit lautem Gejohle die Kinder Schlittschuh.

Vergebens hielt Krabat Ausschau nach einer Mühle. Ein alter Mann, der ein Bündel Reisig trug, kam die Strasse herauf: den fragte er.

«Wir haben im Dorf keine Mühle», erhielt er zur Antwort.

«Und in der Nachbarschaft?»

«Wenn du die meinst [...].» Der Alte deutete mit dem Daumen über die Schulter. «Im Kaselbruch hinten, am Schwarzen Wasser, da gibt es eine. Aber [...].» Er unterbrach sich, als habe er schon zu viel gesagt.

Krabat dankte ihm für die Auskunft, er wandte sich in die Richtung, die ihm der Alte gewiesen hatte. Nach wenigen Schritten zupfte ihn wer am Ärmel; als er sich umblickte, war es der Mann mit dem Reisigbündel.

«Was gibts?», fragte Krabat.

Der Alte trat näher, sagte mit ängstlicher Miene: «Ich möchte dich warnen, Junge. Meide den Kaselbruch und die Mühle am Schwarzen Wasser, es ist nicht geheuer dort [...].»

Einen Augenblick zögerte Krabat, dann liess er den Alten stehen und ging seines Weges, zum Dorf hinaus. Es wurde rasch finster, er musste achtgeben, dass er den Pfad nicht verlor, ihn fröstelte. Wenn er den Kopf wandte, sah er dort, von woher er kam, Lichter aufschimmern; hier eines, da eines.

Ob es nicht klüger war, umzukehren?

«Ach was», brummte Krabat und klappte den Kragen hoch. «Bin ich ein kleiner Junge? Ansehen kostet nichts.»

Krabat tappte ein Stück durch den Wald wie ein Blinder im Nebel, dann stiess er auf eine Lichtung. Als er sich anschickte, unter den Bäumen hervorzutreten, riss das Gewölk auf, der Mond kam zum Vorschein, alles war plötzlich in kaltes Licht getaucht.

Jetzt sah Krabat die Mühle.

Da lag sie vor ihm, in den Schnee geduckt, dunkel, bedrohlich, ein mächtiges, böses Tier, das auf Beute lauert.

«Niemand zwingt mich dazu, dass ich hingehe», dachte Krabat.

Dann schalt er sich einen Hasenfuss, nahm seinen Mut zusammen und trat aus dem Waldesschatten ins Freie. Beherzt schritt er auf die Mühle zu, fand die Haustür verschlossen und klopfte. Er klopfte einmal, er klopfte zweimal: nichts rührte sich drinnen. Kein Hund schlug an, keine Treppe knarrte, kein Schlüsselbund rasselte – nichts. Krabat klopfte ein drittes Mal, dass ihn die Knöchel schmerzten.

Wieder blieb alles still in der Mühle. Da drückte er probehalber die Klinke nieder: die Tür liess sich öffnen, sie war nicht verriegelt, er trat in den Hausflur ein.

Grabesstille empfing ihn und tiefe Finsternis. Hinten jedoch, am Ende des Ganges, etwas wie schwacher Lichtschein. Der Schimmer von einem Schimmer bloss.

«Wo Licht ist, werden auch Leute sein», sagte sich Krabat.

Die Arme vorgestreckt, tastete er sich weiter. Das Licht drang, er sah es im Näherkommen, durch einen Spalt in der Tür, die den Gang an der Rückseite abschloss. Neugier ergriff ihn, auf Zehenspitzen schlich er sich zu der Ritze und spähte hindurch.

Sein Blick fiel in eine schwarze, vom Schein einer einzigen Kerze erhellte Kammer. Die Kerze war rot. Sie klebte auf einem Totenschädel, der lag auf dem Tisch, der die Mitte des Raumes einnahm. Hinter dem Tisch sass ein massiger, dunkel gekleideter Mann, sehr bleich im Gesicht, wie mit Kalk bestrichen; ein schwarzes Pflaster bedeckte sein linkes Auge. Vor ihm auf dem Tisch lag ein dickes, in Leder eingebundenes Buch, das an einer Kette hing: darin las er.

Nun hob er den Kopf und starrte herüber, als habe er Krabat hinter dem Türspalt ausgemacht. Der Blick ging dem Jungen durch Mark und Bein. Das Auge begann ihn zu jucken, es tränte, das Bild in der Kammer verwischte sich.

Krabat rieb sich das Auge – da merkte er, wie sich ihm eine eiskalte Hand auf die Schulter legte, von hinten, er spürte die Kälte durch Rock und Hemd hindurch. Gleichzeitig hörte er jemand mit heiserer Stimme auf Wendisch sagen:

«Da bist du ja!»

Krabat zuckte zusammen, die Stimme kannte er. Als er sich umwandte, stand er dem Mann gegenüber – dem Mann mit der Augenklappe.

Wie kam der auf einmal hierher? Durch die Tür war er jedenfalls nicht gekommen.

Der Mann hielt ein Kerzenlicht in der Hand. Er musterte Krabat schweigend, dann schob er das Kinn vor und sagte:

«Ich bin hier der Meister. Du kannst bei mir Lehrjunge werden, ich brauche einen. Du magst doch?»

«Ich mag», hörte Krabat sich antworten. Seine Stimme klang fremd, als gehörte sie gar nicht ihm.

«Und was soll ich dich lehren? Das Müllern – oder auch alles andere?», wollte der Meister wissen.

«Das andere auch», sagte Krabat.

Da hielt ihm der Müller die linke Hand hin. «Schlag ein!»

In dem Augenblick, da sie den Handschlag vollzogen, erhob sich ein dumpfes Rumoren und Tosen im Haus. Es schien aus der Tiefe der Erde zu kommen. Der Fussboden schwankte, die Wände fingen zu zittern an, Balken und Pfosten erbebten.

Krabat schrie auf, wollte weglaufen: weg, bloss weg von hier! doch der Meister vertrat ihm den Weg.

«Die Mühle!», rief er, die Hände zum Trichter geformt. «Nun mahlt sie wieder!»

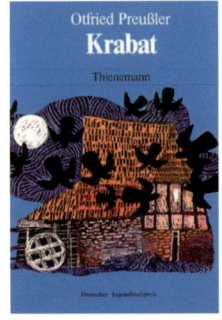

Wendisch: Slawisch (dazu gehören Sprachen wie Tschechisch, Slowakisch, Polnisch)

Sachsen: Das Kurfürstentum Sachsen war ein grosses Land im heutigen Deutschland

in Höchstderoselben Landen: veraltete Bezeichnung für «in dem Land des Kurfürsten von Sachsen»

Hoyerswerda: Stadt im Kurfürstentum Sachsen

3. NEUE BILDUNGEN, DER NATUR VORGESCHLAGEN
Christian Morgenstern

Der **Ochsen**spatz

Die **Kamel**ente

Der **Regen**löwe

Die **Turtel**unke

Die **Schoss**eule

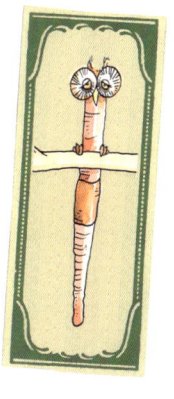

Der **Walfisch**vogel

Die Quallen**wanze**

Der **Gürtel**stier

Der **Pfauen**ochs

Der **We**rfuchs

Die **Tag**tigall

Der **Säge**schwan

Der **Süsswasser**mops

Der **Wein**pintscher

Das **Sturm**spiel

Der **Eulen**wurm

Der **Giraffen**igel

Das **Rhinoze**pony

Die **Gänseschmalz**blume

Der **Menschen**brotbaum

NIEDERLÄNDISCH

De oude Grieken deden al lang voor onze jaartelling aan sportwedstrijden. De belangrijkste wedstrijden waren ongetwijfeld de Olympische spelen. Deze wedstrijden werden vanaf 884 voor Christus georganiseerd in Olympia ter ere van de Griekse oppergod Zeus. De spelen werden om de vier jaar gehouden en duurden zeven dagen.

De wedstrijden waaraan de sporters mee konden doen, waren:
- de stadionloop over 192 meter (in het begin het einige sportonderdeel);
- de dubbele stadionloop over ongeveer 3 km;
- een hardloopwedstrijd in wapenuitrusting;
- een worstelwedstrijd;
- boksen;
- een wagenrace met een vierspan paarden;
- de pentathlon met boksen, verspringen, speerwerpen, discuswerpen en hardlopen.

Aan deze oude Olympische spelen mochten alleen (Griekse) mannen meedoen. Ze waren meestal helemaal naakt. Ook smeerden ze hun lijf in met olie. Er vielen nogal eens doden, vooral bij de levensgevaarlijke wagenrennen. Regels waren er nauwelijks. Zo mocht bij het worstelen eigenlijk alles, behalve ogen uitrukken en bijten. Voordat de spelen begonnen, moesten de deelnemers beloven zich aan de spelregels te houden: de Olympische eed. Rond 393 werden deze Olympische spelen verboden door de Romeinse keizer Theodosius de Grote.

In 1894 werd door de Fransman Coubertin het Internationaal Olympisch Comité opgericht. In 1896 werden de eerste «moderne» Olympische spelen gehouden in Athene. Nu zijn ze uitgegroeid tot het allerbelangrijkste sportevenement in de wereld. Sporters uit de hele wereld doen mee. Ze worden om de vier jaar gehouden in steeds weer een ander land. En ze duren drie weken. Er zijn nu zoveel wedstrijden dat het bijna niet meer bij te houden is! Ook worden er nog aparte winterspelen gehouden voor alle soorten wintersporten. Ook hier is een hele lijst van. Het is te veel om op te noemen. Voor alle wedstrijden gelden veel strenge regels.

Zowel mannen als vrouwen doen mee aan de Olympische spelen. Ze dragen speciale sportkleding in de kleuren van hun nationale team.

Iedere sporter moet aan het begin van de spelen de Olympische eed zweren. Elke keer doen er weer meer mensen mee en elke keer komen er weer sporten bij. Als de ouden Grieken konden zien hoe de Olympische spelen nu zijn, zouden ze achterovervallen van verbazing!

5 ES BÄRNDÜTSCHES GSCHICHTLI
Franz Hohler

Gäuit, wemer da grad eso schön binanger sitze, hani däicht, chönntech vilicht es bärndütsches Gschichtli erzelle. Es isch zwar es bsungers uganteligs Gschichtli, wo aber no gar nid eso lang im Mittlere Schattegibeleggtäli passiert isch.

Der Schöppelimunggi u der Houderebäseler si einisch schpät am Abe, wo scho der Schibützu durs Gochlimoos pfoderet het, über s Batzmättere Heigisch im Erpfetli zueglüffe u hei nang na gschtigelet u gschigöggelet, das me z Gotts Bäri hätt chönne meine, si sige nanger scheich.

«Na ei so schlöozige Blotzbänggu am Fläre, u i verminggle der s Bätzi, dass d Oschterpföteler ghörsch zawanggle!»

«Drby wärsch froh, hättsch en einzige nuesige Schiggeler uf em Lugipfupf!»

U so isch das hin u härgange wie nes Färegschäderli amene Milchgröözi, da seit plözlech Houderebäseler zu Schöppelimunggi: «Schtill! Was ziberlet dert näbem Tobelöhli z grachtige n uuf u aab?»

Schöppelimunggi het gschläfzet wie ne Gitzeler u hets du o gseh. Es Totemüggerli! U nid numen eis, nei, zwöi, drü, vier, füüf, es ganzes Schoossingong voll si da desumegschläberlet u hei zängpinggerlet u globofzgerlet u gschanghangizigerlifisionööggelet, das es eim richtig agschnäggelet het. Schöppelimunggi u Houderebäseler hei nang nume zuegmutzet u hei ganz hingerbyggelig wöllen abschöberle.

Aber chuum hei si der Awang ytröölet, gröözet es Totemüggerli: «Heee, dir zweee!»

U denen ischs i d Chnöde glöötet wie bschüttigs

Chrüzimääl dure Chätschäbertrog. Düpfelig u gnütelig si si blybe schtah wie zwöi gripseti Mischtschwibeli, u scho isch das Totemügerli was tschigerlisch was pfigerlisch binene zueche gsi. Äs het se zersch es Rüngli chyblig u gschiferlig aagnöttelet u het se de möögglige gfraget:

«Chöit dir is hälfe, ds Blindeli der Schtotzgrotzen ueche z graage?»

Wo der Schöppelimunggi das Wort «Blindeli» ghört het, het em fasch wölle ds Härzgätterli zum Hosegschingg uspföderle, aber der Houderebäseler het em zueggaschplet: «Du weisch doch, das men imene Totemügerli nid darf nei säge!»

U du si si halt mitgschnarpflet.

«Sooo, dir zweee!», het ds Totemügerli gseit, wo si zum Blindeli cho si, u die angere Totemügerli si ganz rüeiig daaggalzlet u hei numen ugschynig ychegschwärzelet. Da hei die beide gwüsst, was es Scheieli Gschlychets ds Gloubige choschtet u hei das Blindeli aagroupet, der eint am Schörpfu, der anger a de Gängeretalpli.

Uuuh, isch das e botterepfloorigi Schtrüpfete gsi! Die zwee hei gschwouderet u ghetzpacheret, das si z näbis meh gwüsst hei, wo se der Gürchu zwurglet.

Daa, z eis Dapf, wo si scho halber der Schtotzgrotzen uecheghaschpaaret si, faht sech das Blindeli afah ziirgge u bäärgglet mit schychem Schtimmli: «Oooh, wi buuchet mi der Glutz!»

Jetz hets aber im Schöppelimunggi böös im Schyssächerli gguuget.

Är het das Blindeli la glootsche u isch der Schtotzgrotz abdotzeret, wie wenn em der Hurligwaagg mit em Flarzyse der Schtirps vermöcklet hätt. «Häb dure, Münggu!», het em der Houderebäseler na naargräätschet, u de het er nüt meh gwüsst.

Am angere Morge het ne ds Schtötzgrötzeler Eisi gfunge, chäfu u tunggig wien en Öiu, u es isch meh weder e Monet gange, bis er wider het chönne s Gräppli im Hotschmägeli bleike.

Totemügerli u Blindeli het er keis meh gseh sis Läbe lang, aber o der Schöppelimunggi isch vo da a verschwunde gsi. S git Lüt, wo säge, dass sider am Schtotzgrotzen es Totemügerli meh desumeschirggelet.

6 FUSSBALL – EIN SPIEL FÜR INTELLEKTUELLE
Loriot

WUM Ich habe einige wichtige Fragen ...

WIM Na dann schiess los ... nein-nein ... ich meine: Nun frag schon!

WUM Wim, wie viele Männer gehören eigentlich zu einer Fussballmannschaft?

WIM Elf.

WUM Und wie viel Bälle haben die?

WIM Einen.

WUM Einen? Das ist ja wahnsinnig unergiebig!

WIM Die haben aber 'ne Menge zu tun! Die müssen den Ball doch ins Tor kriegen!

WUM Na und?

WIM Na, da stehen doch die anderen davor ...

WUM Welche anderen?

WIM Die anderen elf.

WUM Haben die auch 'n Ball?

WIM Nein!

WUM Aber womit spielen die denn? Das ist doch alles völlig sinnlos!

WIM Nein-nein, die müssen den Ball ja auch ins Tor schiessen.

WUM Wieso? Ich denke, die haben keinen Ball!?

WIM Das ist doch derselbe, Mensch!

WUM Derselbe Mensch?

WIM Derselbe Ball!

WUM Na, 22 erwachsene Männer werden doch wohl den einen lumpigen Ball in dieses blöde Tor schiessen können!

WIM In zwei, Wum, in zwei Tore!

WUM Aber man kann doch nicht einen Ball gleichzeitig in zwei Tore schiessen!

WIM Nein-nein, die einen wollen ja auch nur, dass der Ball in das andere Tor geht!

WUM Und wissen die einen, dass die anderen den Ball in das eine Tor schiessen wollen, während die anderen vermuten, dass die einen den Ball im anderen Tor benötigen?

WIM So ist es!

WUM Siehst du, das ist wieder so ein kompliziertes Spiel für Intellektuelle!

7 EIN TRAUM VOM FUSSBALL
Lieneke Dijkzeul

Der afrikanische Dorfjunge Rahmane und seine Freunde sind begeisterte Fussballer. Sie haben keinen richtigen Fussballplatz, nur ein Stück ausgedorrtes Land, sie haben keinen richtigen Fussball, nur eine zusammengeschnürte Lumpenkugel und sie spielen alle barfuss. Aber für sie ist Fussballspielen die wichtigste Sache der Welt und viele von ihnen haben Talent. Heute hat Herr Baouri einen Brief bekommen, ein Schreiben von einem Scout*, der auf Talentsuche ist.

«Mama», flüsterte Rahmane. «Herr Baouri ist da.»

«Ich habe ihn gesehen», flüsterte sie zurück.

«Worüber reden sie?»

«Ich weiss es nicht.» Rahmane fingerte nervös an einem Stück Haut neben seinem Fingernagel. Seine Mutter legte ihm eine Hand auf den Arm. «Holst du für mich die Wäsche vom Hof?» Ihr Gesicht blieb ernst, aber ihre Augen leuchteten. Er lachte ihr zu und ging eilig durch die Hintertür hinaus.

Rahmane legte sich die Wäsche über die Schulter. Er schlich so nah zur Hausecke, wie er sich traute. Die Männer nahmen das Gespräch wieder auf. Er strengte seine Ohren an.

«... wunderbare Chance für ihn ...» Das war Herr Baouri. «Natürlich nicht. Hunderte Jungs, die ...»

«Aber auf der anderen Seite ... Er wäre nicht der Erste ...» Stille trat ein.

«Stell dir mal vor», sagte Rahmanes Vater. Er sprach lauter und in seiner Stimme war Aufregung zu hören. «Stell dir nur mal vor, Jean! Das wäre die Erhörung all meiner Gebete. Für die ganze Familie [...] Warum hast du das nicht früher erzählt? Ich hätte zum Marabut* gehen können!»

«Ich wusste es noch nicht sicher. Und ich wollte dich nicht umsonst froh machen», sagte Herr Baouri. «Hättest du denn Geld gehabt für den Marabut?»

«Nein», gab Rahmanes Vater zu und sie lachten.

«Es ist noch ein langer Weg bis dahin», sagte Herr Baouri nachdenklich. «Also Zeit genug für den Marabut.»

«Aber es steht fest, nächste Woche?»

«Sicher. Heute am späten Nachmittag kam der Anruf. Und ich habe hier den Brief.»

Papier raschelte. Rahmane hielt den Atem an.

«Soll ich ihn vorlesen?», fragte Herr Baouri höflich.

«Gern», sagte Rahmanes Vater erleichtert.

Rahmane machte noch einen Schritt nach vorn und vergass dabei das Fahrrad, das an der Hauswand lehnte.

Das Rad rutschte weg und blitzschnell griff Rahmane nach dem Sattel, konnte aber nicht verhindern, dass der Lenker an der Lehmwand entlangschrappte. «Bist du das, Rahmane?», fragte sein Vater scharf.

Rahmane trat in den Lichtschein der Kerze.

«Ich sollte die Wäsche von der Leine holen», sagte er beschämt.

«Hinein», zischte sein Vater wütend. «Was habe ich dir gesagt? Wir besprechen hier Sachen, mit denen ein Kind nichts zu tun hat.»

«Aber es geht um mich!», schrie Rahmane.

Sein Vater sprang auf, die Hand schon erhoben. «Hinein!»

Sie schauten einander an. Rahmane wusste, dass er verlieren würde. Aber er wusste auch, dass das eines Tages nicht mehr der Fall sein würde. Er schlug die Augen nieder und drehte sich um. Er hatte drei Schulzeiten mitmachen dürfen, dann war er alt genug gewesen, um auf dem Feld zu arbeiten. Aber jetzt, da eine Entscheidung getroffen werden sollte, eine Entscheidung über ihn, durfte er nichts davon wissen. Er trat die Eisentür hinter sich zu.

«Rahmane!», donnerte sein Vater. «Auf den Hinterhof!» Rahmane raffte sein Laken vom Brett und lief wieder hinaus. Er warf das Tuch auf den Boden und rollte sich hinein. [...]

Nächste Woche würde etwas geschehen. Etwas so Wichtiges, dass Herr Baouri dafür schon jetzt Hemd und Krawatte getragen hatte.

Seine Wut verebbte und er versuchte sich zu erinnern, was er von dem Gespräch aufgefangen hatte.

Hunderte Jungs, die [...] Hunderte Jungs, die [...] Hunderte Jungs, die gut Fussball spielen konnten.

Es kam jemand zum Zuschauen. Jemand von einem Verein. Auf einmal war er sich ganz sicher. Man hörte da-

von, im Fernsehen. Jungs, die in einem afrikanischen Verein auffielen, wurden an einen europäischen Verein verkauft. Und danach wurden sie berühmt und angebetet wie Stars. Wer kannte nicht ihre Namen? Sie kamen ins Fernsehen, sie flogen um die ganze Welt, sie schüttelten dem Präsidenten ihres Landes die Hand und liessen sich lachend mit ihm fotografieren. Und sie wurden reich. Unvorstellbar reich. Sie hatten goldene Armbanduhren, Autos und riesige Steinhäuser mit Schwimmbädern. Manche hatten sogar eine weisse Frau.

Er schob das Laken von sich. Seine Gedanken huschten hin und her wie Mücken über einem Tümpel. War sie das? War dies die Chance, von der er träumte, jeden endlos langen Tag auf dem Feld, der genau so war wie alle endlosen Tage davor?

Herr Baouri hatte manchmal erzählt, dass er Leute vom Verein in der Stadt kannte. Sie hatten ihm nur halb geglaubt, aber es stimmte wohl doch.

Ein echter Verein. Ein Verein, bei dem sie in Fussballschuhen spielten und Vereinshemden trugen. Ein Verein, der auf einem Feld mit Toren und Linien spielte. Ein Feld mit Gras. Er wischte die Schweisstropfen weg, die ihm den Hals hinunterliefen.

Für einen Verein brauchte man Geld. Geld für Fussballschuhe, ein T-Shirt, eine Hose, Strümpfe. Und wo sollte man wohnen? Die Stadt war weit weg, fast zwei Tage mit dem Bus. Ein einziges Mal in seinem Leben war er in der Stadt gewesen, zusammen mit seinem Vater. Er war noch sehr klein gewesen, aber er erinnerte sich vage an den Lärm, den Staub und den Gestank.

Oder wurde man für alles bezahlt? Aber von wem? Nicht von Herrn Baouri, auch wenn der vielleicht Geld bekam, wenn er einen Jungen fand, der gut genug war. Beinahe hätte er laut herausgelacht. Herr Baouri, der Geld für ihn, Rahmane, bekommen würde. Undenkbar!

Ruhelos wälzte er sich hin und her auf dem harten Boden, das Laken, jetzt schon klamm und schmutzig in einem Knäuel um die Beine gewickelt. Sollte er die Djembe nehmen? Er hatte den ganzen Tag noch nicht gespielt und sein Vater bekam immer gute Laune, wenn er spielte. Sein Vater hatte es ihm selbst beigebracht, so wie sein Vater es wiederum von seinem Vater gelernt hatte. Aber das Trommelfell musste gespannt werden, denn es war feuchtwarm gewesen, und dafür musste er ein Holzkohlenfeuer machen. Das dürfte er jetzt bestimmt nicht. Um zur Ruhe zu kommen, schlug er leise verschiedene Rhythmen auf seine Oberschenkel. Dann dachte er an seinen Freund Tigani und was der am nächsten Morgen wohl sagen würde, und seine Hände schlugen schneller. Danach überlegte er sich, wie er in der nächsten Woche spielen und auf dem wunderbaren Feld, das sie jetzt hatten, glänzen und alle Tricks zeigen würde, die er auf Lager hatte. Einen Treffer nach dem anderen würde er erzielen, saubere Tore. Er würde Pässe geben, die ein Blinder annehmen könnte. [...]

Der Mann von dem Verein würde seine Qualitäten natürlich gleich erkennen und Herrn Baouri Vorwürfe machen. Warum hast du mir nicht eher von diesem Jungen erzählt, würde er sagen. Jetzt ist es fast zu spät, aber wenn er ab sofort bei uns trainiert, können wir ihm noch alles beibringen, was er braucht, um ein echter Star zu werden. Bring mich zu seinem Vater, dann regeln wir das sofort. [...]

Seine Hände lagen still auf seinen Oberschenkeln und mit einem Lächeln schlief er ein.

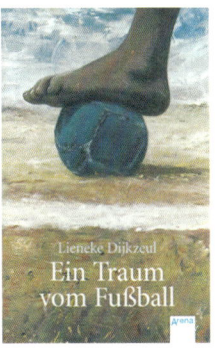

LEXIKON
Scout: Talentsucher
Marabut: islamischer Einsiedler oder Heiliger

⑧ HIER KOMMT DESIRÉE

«MAN PFEIFT MIR NACH»

Klar erwarten die Spieler keine Frau als Schiedsrichterin, wenn sie sich zur Passkontrolle versammeln. Aber das ist ja nicht mein Problem. Es ist schon lustig, zu sehen, wie bei einigen das Staunen im Gesicht geschrieben ist. Ein Problem habe ich deswegen aber nicht. Im Gegenteil, ich habe eher das Gefühl, dass ich als Frau einen kleinen Bonus habe. Die Trainer halten ihre Spieler an, nicht zu viel zu reklamieren.
Das erlebe ich bei meinen männlichen Kollegen kaum.
Spiele als Schiedsrichterin zu leiten hat mich schon immer gereizt.

Ausserdem habe ich als Spielerin so ziemlich alles erreicht, was ich erreichen wollte. Dabei habe ich erst mit zwölf Jahren angefangen, Fussball zu spielen, weil ich vorher an Heuschnupfen litt. Dafür gings dann rasant aufwärts. Im ersten Jahr habe ich für Bern-Bethlehem bereits mein erstes NLA-Spiel bestritten, auch wenns nur ein Freundschaftsspiel war. Inzwischen habe ich viele Jahre NLA-Fussball hinter mir und gehöre auch zum Stamm der Nationalmannschaft.

Aber wie gesagt, ich möchte von nun an vor allem als Schiedsrichterin auf dem Fussballplatz stehen. Denn im Moment habe ich kaum noch Freizeit: Neben meiner 100-Prozent-Stelle bei der Post habe ich dreimal Training mit dem FFC United Schwerzenbach, einmal mit der Nati, am Samstag Match, und am Sonntag muss ich als Schiedsrichterin auf den Platz. [...]

Im September pfiff ich mein erstes Spiel, das war bei den C-Junioren. Das war noch relativ einfach, weil die Jungs meine Entscheidungen ziemlich klaglos akzeptierten. Mein erstes 5.-Liga-Spiel war hingegen eine Katastrophe.

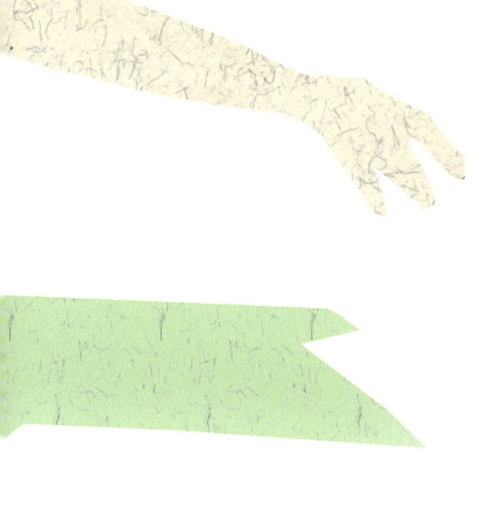

Die Spieler hauten sich gegenseitig nur auf die Knochen. Für wen soll ich denn bitte schön pfeifen, wenn die im Zweikampf nicht den Ball, sondern nur das Schienbein des Gegners treffen wollen? In diesem Spiel musste ich auch meine erste Rote Karte zücken.

Mit dem Tempo habe ich keine Mühe.
Meine Werte beim Konditions- und Schnelligkeitstest der Fifa hätten sogar bei den Männern gereicht. Die grössten Schwierigkeiten habe ich mit dem Offside. Solange man keine Assistenten hat, ist es extrem schwierig, zu sehen, ob jemand im Abseits steht oder nicht. Vor allem bei einem schnell gespielten Konter hat man kaum eine Chance, auf der Offside-Linie zu stehen.

Insgesamt sind meine Erfahrungen aber durchwegs positiv. Klar, manche Zuschauer pfeifen oder machen anzügliche Sprüche, aber da höre ich gar nicht hin. Und von den Spielern erhalte ich oft positives Feedback. Einige haben mich sogar via E-Mail kontaktiert, um mir zu gratulieren. Das freut mich zwar, aber Einladungen zum Kaffee nehme ich trotzdem nicht an. Logisch fällt mir auch auf, wenn bei der Passkontrolle einer der Spieler besonders hübsch ist, aber sobald das Spiel beginnt, spielt das keine Rolle mehr.

Mein Ziel ist, eines Tages Spiele in der Super League zu pfeifen.
Dafür mache ich als Nächstes den Assistenten-Kurs, den man für Spiele ab der 2. Liga braucht. Mein Vorbild ist Esther Staubli. Mit ihr habe ich in Thun gespielt, inzwischen ist sie 1.-Liga-Schiedsrichterin. Sie ist den Weg gegangen, den ich auch beschreiten möchte.

Tintenherz

Cornelia Funke

Ein Fremder in der Nacht

Es fiel Regen in jener Nacht, ein feiner, wispernder Regen. Noch viele Jahre später musste Meggie bloss die Augen schliessen und schon hörte sie ihn, wie winzige Finger, die gegen die Scheibe klopften. Irgendwo in der Dunkelheit bellte ein Hund, und Meggie konnte nicht schlafen, so oft sie sich auch von einer Seite auf die andere drehte.

Unter ihrem Kissen lag das Buch, in dem sie gelesen hatte. Es drückte den Einband gegen ihr Ohr, als wollte es sie wieder zwischen seine bedruckten Seiten locken. «Oh, das ist bestimmt sehr bequem, so ein eckiges, hartes Ding unterm Kopf», hatte ihr Vater gesagt, als er zum ersten Mal ein Buch unter ihrem Kissen entdeckte. «Gib zu, es flüstert dir nachts seine Geschichte ins Ohr.» – «Manchmal!», hatte Meggie geantwortet. «Aber es funktioniert nur bei Kindern.» Dafür hatte Mo sie in die Nase gezwickt. Mo. Meggie hatte ihren Vater noch nie anders genannt.

In jener Nacht – mit der so vieles begann und so vieles sich für alle Zeit änderte – lag eins von Meggies Lieblingsbüchern unter ihrem Kissen, und als der Regen sie nicht schlafen liess, setzte sie sich auf, rieb sich die Müdigkeit aus den Augen und zog das Buch unter dem Kissen hervor. Die Seiten raschelten verheissungsvoll, als sie es aufschlug. Meggie fand, dass dieses erste Flüstern bei jedem Buch etwas anders klang, je nachdem, ob sie schon wusste, was es ihr erzählen würde, oder nicht. Aber jetzt musste erst einmal Licht her. In der Schublade ihres Nachttisches hatte sie eine Schachtel Streichhölzer versteckt. Mo hatte ihr verboten, nachts Kerzen anzuzünden. Er mochte kein Feuer. «Feuer frisst Bücher», sagte er immer, aber schliesslich war sie zwölf Jahre alt und konnte auf ein paar Kerzenflammen aufpassen. Meggie liebte es, bei Kerzenlicht zu lesen. Drei Windlichter und drei Leuchter hatte sie auf dem Fensterbrett stehen. Sie hielt das brennende Streichholz gerade an einen der schwarzen Dochte, als sie draussen die Schritte hörte.

Erschrocken pustete sie das Streichholz aus – wie genau sie sich viele Jahre später noch daran erinnerte! –, kniete sich vor das regennasse Fenster und blickte hinaus. Und da sah sie ihn.

Die Dunkelheit war blass vom Regen und der Fremde war kaum mehr als ein Schatten. Nur sein Gesicht leuchtete zu Meggie herüber. Das Haar klebte ihm auf der nassen Stirn. Der Regen triefte auf ihn herab, aber er beachtete ihn nicht. Reglos stand er da, die Arme um die Brust geschlungen, als wollte er sich wenigstens auf diese Weise etwas wärmen. So starrte er zu ihrem Haus herüber.

Ich muss Mo wecken!, dachte Meggie. Aber sie blieb sitzen, mit klopfendem Herzen, und starrte weiter hinaus in die Nacht, als hätte der Fremde sie angesteckt mit seiner Reglosigkeit. Plötzlich drehte er den Kopf und Meggie schien es, als blickte er ihr direkt in die Augen. Sie rutschte so hastig aus dem Bett, dass das aufgeschlagene Buch zu Boden fiel. Barfuss lief sie los, hinaus auf den dunklen Flur. In dem alten Haus war es kühl, obwohl es schon Ende Mai war.

In Mos Zimmer brannte noch Licht. Er war oft bis tief in die Nacht wach und las. Die Bücherleidenschaft hatte Meggie von ihm geerbt. Wenn sie sich nach einem schlimmen Traum zu ihm flüchtete, liess sie nichts besser einschlafen als Mos ruhiger Atem neben sich und das Umblättern der Seiten. Nichts verscheuchte böse Träume schneller als das Rascheln von bedrucktem Papier.

Aber die Gestalt vor dem Haus war kein Traum. [...]

«Mo, auf dem Hof steht jemand!»

Ihr Vater hob den Kopf und blickte sie abwesend an, wie immer, wenn sie ihn beim Lesen unterbrach. Es dauerte jedes Mal ein paar Augenblicke, bis er zurückfand aus der anderen Welt, aus dem Labyrinth der Buchstaben.

«Da steht einer? Bist du sicher?»

«Ja. Er starrt unser Haus an.»

Mo legte das Buch weg. «Was hast du vorm Schlafen gelesen? Dr. Jekyll und Mr. Hyde?» Meggie runzelte die Stirn. «Bitte, Mo! Komm mit.»

Er glaubte ihr nicht, aber er folgte ihr. Meggie zerrte ihn so ungeduldig hinter sich her, dass er sich auf dem Flur die Zehen an einem Stapel Bücher stiess. Woran auch sonst? Überall in ihrem Haus stapelten sich Bücher. [...]

«Er steht einfach nur da!», flüsterte Meggie, während sie Mo in ihr Zimmer zog.

«Hat er ein Pelzgesicht? Dann könnte es ein Werwolf sein.»

«Hör auf!» Meggie sah ihn streng an, obwohl seine Scherze ihre Angst vertrieben. Fast glaubte sie schon selbst nicht mehr an die Gestalt im Regen [...], bis sie wieder vor ihrem Fenster kniete. «Da! Siehst du ihn?», flüsterte sie.

Mo blickte hinaus, durch die immer noch rinnenden Regentropfen, und sagte nichts.

«Hast du nicht geschworen, zu uns kommt nie ein Einbrecher, weil es nichts zu stehlen gibt?», flüsterte Meggie.

«Das ist kein Einbrecher», antwortete Mo, aber sein Gesicht war so ernst, als er vom Fenster zurücktrat, dass Meggies Herz nur noch schneller klopfte. «Geh ins Bett, Meggie», sagte er. «Der Besuch ist für mich.»

Und dann war er auch schon aus dem Zimmer – bevor Meggie ihn fragen konnte, was das, um alles in der Welt, für ein Besuch sein sollte, der mitten in der Nacht erschien. Beunruhigt lief sie ihm nach; auf dem Flur hörte sie, wie er die Kette vor der Haustür löste, und als sie in die Eingangsdiele kam, sah sie ihren Vater in der offenen Tür stehen. Die Nacht drang herein, dunkel und feucht, und das Rauschen des Regens klang bedrohlich laut.

«Staubfinger!», rief Mo in die Dunkelheit. «Bist du das?» Staubfinger? Was war das für ein Name? [...]

Aus der Dunkelheit tauchte der Mann auf, der auf dem Hof gestanden hatte. Der lange Mantel, den er trug, klebte ihm an den Beinen, nass vom Regen, und als der Fremde in das Licht trat, das aus dem Haus nach draussen leckte, glaubte Meggie für den Bruchteil eines Augenblicks, einen kleinen pelzigen Kopf über seiner Schulter zu sehen, der sich schnüffelnd aus seinem Rucksack schob und dann hastig wieder darin verschwand.

Staubfinger fuhr sich mit dem Ärmel über das feuchte Gesicht und streckte Mo die Hand hin. «Wie geht es dir, Zauberzunge?», fragte er. «Ist lange her.»

Mo ergriff zögernd die ausgestreckte Hand. «Sehr lange», sagte er und blickte dabei an seinem Besucher vorbei, als erwartete er, hinter ihm noch eine andere Gestalt aus der Nacht auftauchen zu sehen. «Komm rein, du wirst dir noch den Tod holen. Meggie sagt, du stehst schon eine ganze Weile da draussen.»

«Meggie? Ach ja, natürlich.» Staubfinger liess sich von Mo ins Haus ziehen. Er musterte Meggie so ausführlich, dass sie vor Verlegenheit nicht wusste, wo sie hinsehen sollte. Schliesslich starrte sie einfach zurück.

«Sie ist gross geworden. [...] Wie alt ist sie jetzt?» Staubfinger lächelte ihr zu. Es war ein seltsames Lächeln. [...]

«Zwölf», antwortete Mo.

«Zwölf? Du meine Güte.» Staubfinger strich sich das tropfnasse Haar aus der Stirn. [...]

«Zwölf Jahre alt», wiederholte Staubfinger. Damals war sie [...] drei, nicht wahr?»

Mo nickte. «Komm, ich gebe dir was zum Anziehen.» Er zog seinen Besucher mit sich, voll Ungeduld, als hätte er es plötzlich eilig, ihn vor Meggie zu verbergen. «Und du», sagte er über die Schulter zu ihr, «du gehst schlafen, Meggie.» Dann zog er ohne ein weiteres Wort die Tür der Werkstatt hinter sich zu.

Meggie stand da und rieb die kalten Füsse aneinander. Du gehst schlafen. Manchmal warf Mo sie aufs Bett wie einen Sack Nüsse, wenn es wieder mal zu spät geworden war. Manchmal jagte er sie nach dem Abendessen durchs Haus, bis sie atemlos vor Lachen in ihr Zimmer entkam. Und manchmal war er so müde, dass er sich auf dem Sofa ausstreckte und sie ihm einen Kaffee kochte, bevor sie schlafen ging. Aber nie, niemals zuvor hatte er sie so ins Bett geschickt wie eben.

Eine Ahnung, klebrig von Angst, machte sich in ihrem Herzen breit: dass mit diesem Fremden, dessen Name so seltsam und doch vertraut klang, etwas Bedrohliches in ihr Leben geschlüpft war.

> **Anmerkung Herausgeber:**
> Meggies Vater, Mo, wird von Capricorn verfolgt. Staubfinger will Mo zu ihm bringen, doch Mo beschliesst, mit Meggie zu fliehen, so wie er es noch oft tun würde.
> Am nächsten Morgen ist Meggie gezwungen zu packen. Alles muss sehr schnell gehen, Mo treibt sie zur Eile an. Aber auch wenn sich Meggie beeilen muss: Sie nimmt sich Zeit, ihre Bücher zu packen. Auch auf der Flucht vor dem unheimlichen Capricorn würde sie niemals auf ihre Bücher verzichten!

Geheimnisse

Meggie blickte zum Küchenfenster hinaus. Es war ein grauer Morgen. Über den Feldern, die sich die nahen Hügel hinaufzogen, hing Nebel, und Meggie kam es vor, als hätten sich die Schatten der Nacht zwischen den Bäumen versteckt.

«Pack den Proviant ein und nimm dir genug zum Lesen mit!», rief Mo aus dem Flur. Als ob sie das nicht immer tat. Vor Jahren schon hatte er ihr eine Kiste für ihre Lieblingsbücher gebaut, für all ihre Reisen, kurze und lange, weite und nicht so weite. «Es tut gut, an fremden Orten seine Bücher dabeizuhaben», sagte Mo immer. Er selbst nahm auch immer mindestens ein Dutzend mit.

Mo hatte die Kiste rot lackiert, rot wie Klatschmohn, Meggies Lieblingsblume, deren Blüten sich so gut zwischen ein paar Buchseiten pressen liessen und deren Stempel einem Sternmuster in die Haut drückten. Auf den Deckel hatte Mo mit wunderschönen, verschlungenen Buchstaben Meggies Schatzkiste geschrieben und innen war sie mit glänzend schwarzem Futtertaft ausgeschlagen. Von dem Stoff war allerdings kaum etwas zu sehen, denn Meggie besass viele Lieblingsbücher. Und immer wieder kam ein Buch dazu, auf einer neuen Reise, an einem anderen Ort. «Wenn du ein Buch auf eine Reise mitnimmst», hatte Mo gesagt, als er ihr das erste in die Kiste gelegt hatte, «dann geschieht etwas Seltsames: Das Buch wird anfangen, deine Erinnerungen zu sammeln. Du wirst es später nur aufschlagen müssen und schon wirst du wieder dort sein, wo du zuerst darin gelesen hast. Schon mit den ersten Wörtern wird alles zurückkommen: die Bilder, die Gerüche, das Eis, das du beim Lesen gegessen hast [...]. Glaub mir, Bücher sind wie Fliegenpapier. An nichts haften Erinnerungen so gut wie an bedruckten Seiten.»

Vermutlich hatte er damit Recht. Doch Meggie nahm ihre Bücher noch aus einem anderen Grund auf jede Reise mit. Sie waren ihr Zuhause in der Fremde — vertraute Stimmen, Freunde, die sich nie mit ihr stritten, kluge, mächtige Freunde, verwegen und mit allen Wassern der Welt gewaschen, weit gereist, abenteuererprobt. Ihre Bücher munterten sie auf, wenn sie traurig war, und vertrieben ihr die Langeweile, während Mo Leder und Stoffe zuschnitt und alte Seiten neu heftete, die brüchig geworden waren von unzähligen Jahren und ungezählten blätternden Fingern.

Einige Bücher kamen jedes Mal mit, andere blieben zu Hause, weil sie zum Ziel der Reise nicht passten oder einer neuen, noch unbekannten Geschichte Platz machen mussten. Meggie strich über die gewölbten Rücken. Welche Geschichten sollte sie diesmal mitnehmen? Welche Geschichten halfen gegen die Angst, die gestern Nacht ins Haus geschlichen war? Wie wäre es mit einer Lügengeschichte?, dachte Meggie. Mo log sie an. Er log, obwohl er wusste, dass sie ihm die Lügen jedes Mal an der Nase ansah. Pinocchio, dachte Meggie. Nein. Zu unheimlich. Und zu traurig. Aber etwas Spannendes sollte schon dabei sein, etwas, das alle Gedanken aus dem Kopf trieb, auch die dunkelsten. Die Hexen, ja. Die Hexen würden mitkommen, die Hexen mit den kahlen Köpfen, die Kinder in Mäuse verwandeln – und Odysseus mitsamt dem Zyklopen und der Zauberin, die aus Kriegern Schweine macht. Gefährlicher als diese Reise konnte ihre doch nicht werden, oder?

Ganz links steckten zwei Bilderbücher, mit denen Meggie sich das Lesen beigebracht hatte – fünf Jahre alt war sie damals gewesen, die Spur ihres unfassbar winzigen, wandernden Zeigefingers war immer noch auf den Seiten zu sehen –, und ganz unten, versteckt unter all den anderen, lagen die Bücher, die Meggie selbst gemacht hatte. Tagelang hatte sie an ihnen herumgeklebt und -geschnitten, hatte immer neue Bilder gemalt, unter die Mo schreiben musste, was darauf zu sehen war: Ein Engel mit einem glücklichen Gesicht, von Meggie für Mo. Ihren Namen hatte sie selbst geschrieben, damals hatte sie das e am Schluss immer weggelassen. Meggie betrachtete die ungelenken Buchstaben und legte das kleine Buch zurück in die Kiste. Mo hatte ihr natürlich beim Binden geholfen. Er hatte all ihre selbst gemachten Bücher mit Einbänden aus bunt gemustertem Papier versehen, und für die übrigen hatte er ihr einen Stempel geschenkt, der ihren Namen und den Kopf eines Einhorns auf der ersten Seite hinterliess, mal mit schwarzer, mal mit roter Tinte, je nachdem, wie es Meggie gefiel. Nur vorgelesen hatte Mo ihr nie aus ihren Büchern. Nicht ein einziges Mal.

Hoch in die Luft hatte er Meggie geworfen, auf den Schultern durchs Haus getragen oder ihr beigebracht, wie sie sich aus Amselfedern ein Lesezeichen basteln konnte. Aber vorgelesen hatte er ihr nie. Nicht ein einziges Mal, nicht ein einziges Wort, sooft sie ihm die Bücher auch auf den Schoss gelegt hatte. Also hatte Meggie sich selbst beibringen müssen, die schwarzen Zeichen zu entziffern, die Schatzkiste zu öffnen.

[...]

Meggie richtete sich auf.

Etwas Platz war noch in der Kiste. Vielleicht hatte Mo ja noch ein neues Buch, das sie mitnehmen konnte, besonders dick, besonders wunderbar.

[...]

Anmerkung Herausgeber:
Bücher spielen im äusserst spannenden Fantasyroman «Tintenherz» von Cornelia Funke eine wichtige Rolle. Meggie und Mo müssen sich nicht nur in der wirklichen Welt, sondern auch in der Bücherwelt zurechtfinden ...

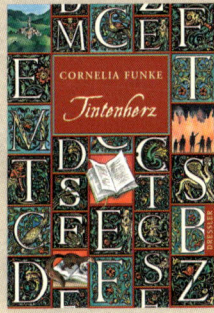 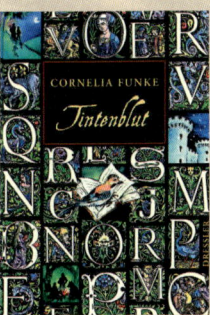 

Niki de Saint Phalle

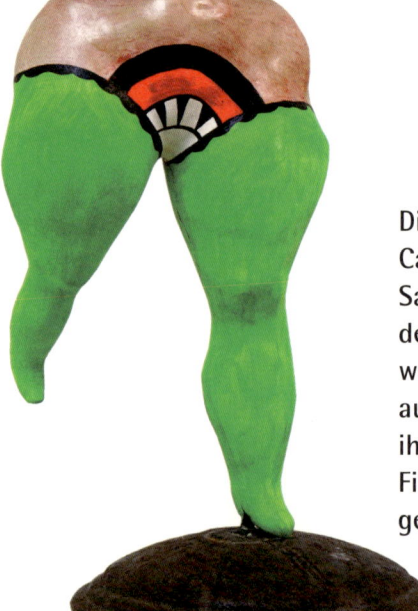

«Die Kunst ist mein bester Freund.»
Niki de Saint Phalle

Die weltberühmte Künstlerin Catherine Marie Agnès Fal de Saint Phalle wurde 1930 in der Nähe von Paris geboren, wuchs dann aber in Amerika auf. Sie ist vor allem durch ihre fröhlich bunten «Nana-Figuren» international bekannt geworden.

Nachname: Fal de Saint Phalle
Vorname: Catherine Marie-Agnés
Künstlerinnenname: Niki de Saint Phalle
Geburtsdatum: 29. Oktober 1930
Geburtsort: Neuilly-sur-Seine (F).
Todesdatum: 21. Mai 2002
Todesort: San Diego, Kalifornien (USA).
Sternzeichen: Skorpion
Berufe: Fotomodell, Bildhauerin, Künstlerin
Heirat (im Jahre 1950) mit Harry Mathews, amerikanischer Schriftsteller, Scheidung im Jahre 1960

Kinder:
1951 Geburt von Laura
1954 Geburt von Philip

Heirat (im Jahre 1971) mit Jean Tinguely, schweizerisch-französischer Bildhauer und Objektkünstler

Tod Tinguelys im Jahre 1991

Wohnorte:
Neuilly-sur-Seine, Frankreich
New York, USA
Paris, Frankreich
La Jolla, Kalifornien, USA

Einige Briefe der inzwischen verstorbenen Künstlerin sind erhalten. So schrieb sie einem Freund auch Erinnerungen aus ihrer Kindheit:

Lieber Pontus

«[...] Ich wünschte mir, als ich klein war, Heldinnen, mit denen ich mich identifizieren konnte. Im Geschichtsunterricht hörten wir nur von ein paar Frauen – Katharina die Grosse, Jeanne d'Arc, Elizabeth von England. Aber es gab nicht genug Heldinnen. Ich wollte mehr.

So begann ich davon zu träumen, selbst eine Heldin zu sein.

Als kleines Mädchen lehnte ich meine Mutter und meinen Vater nicht nur als Vorbilder für meine eigene Zukunft ab, ich hasste auch ihre gesellschaftliche Stellung. Der einzige Raum in unserem Haus, den ich behaglich und warm fand, war die Küche mit der schwarzen Köchin.

Im Alter von acht Jahren gab ich mein ganzes Taschengeld für Comics aus. Es wurde mir verboten, sie zu lesen, deshalb musste ich sie unter meiner Matratze verstecken.

Ein nicht geringer Teil von dem Geld, das ich von meinem Vater und meiner Mutter stibitzte, ging an Bettler.

Ich liebte Bettler. Sie erschienen mir irgendwie wirklicher als viele Leute, die in den Strassen von New York herumliefen. Das war 1940, als ich zehn Jahre alt war.

Ich besuchte die Klosterschule «Sacred Heart» für Mädchen.

Jede Woche (oder war es jeden Monat?) wurde an dieser Klosterschule ein wunderschönes rotes Band für ausgezeichnete Leistungen vergeben. Ich bekam das Band nie. (Das war nicht verwunderlich, da ich niemals arbeitete.) Eines Tages beschloss ich, mir selbst ein rotes Band zu kaufen, das ich an meiner Uniform befestigte, so, als ob ich den Preis gewonnen hätte. Das wurde gar nicht gerne gesehen.

Die Uniform der Schule war grün, ein hässliches dunkles Grün mit einer beigen Bluse und einer grünen Krawatte. Kein Wunder, dass ich mich nach der roten Schärpe sehnte.

Es war zur Weihnachtszeit 1940, als die Nonnen uns nach Harlem führten, mit Geschenken für einige arme schwarze Familien, die wir zu ihnen nach Hause brachten.

Ich schämte mich den schwarzen Familien gegenüber. Die Nonnen hielten lächerliche Reden, wir standen herum (es müssen zehn von uns gewesen sein), während zwei schwarze Ladys uns dankten. Ich hasste uns. Ich schämte mich.

Auf der Strasse wurde englisch geredet, zu Hause sprachen wir aber französisch. Französische Kindererziehung bedeutete, dass Kinder gesehen und nicht gehört werden sollten. Ganz im Ernst. Jeder musste seinen Teller leer essen. Wenn man widersprach (und das tat ich oft), wurde man ins Gesicht geschlagen (eine alltägliche Praktik zu der Zeit).

Ich war verschiedenen und manchmal gegensätzlichen Einflüssen ausgesetzt, die mich dazu brachten, mir sehr früh meine eigene Meinung über die Dinge zu bilden. Ich suchte mir aus, was ich glauben wollte.

Meine Tante Joy (aus Georgia) war eine süsse alte Lady, die mich verwöhnen wollte. Sie las mir Geschichten vor und ging mit mir in eine Menge Eiscafés. Ich war ein begeisterter Fan von Schokolade und Butterscotch Sundaes (so ähnlich wie Coupe Dänemark). Diese Ausflüge endeten manchmal mit einem Drama. Wenn dort irgendein Schwarzer war, wollte meine Tante Joy sofort nach Hause gehen.

Für mich waren alle Menschen. Schwarz, weiss und gelb existierten nicht. Warum durfte ich nicht neben einer schwarzen Dame sitzen, wo wir doch zu Hause eine schwarze Köchin hatten, die ich als grossartige Freundin ansah?

Ich wollte nicht so werden und so leben wie meine Eltern. Ich musste mich neu und ganz allein für mich orientieren. Das war sehr schwierig für mich. Hinzu kam, dass ich mich halb als Französin, halb als Amerikanerin fühlte. [...]

Was mir während dieser schwierigen Jugendjahre half, war eine geheime MAGIC BOX, die ich unter meinem Bett aufbewahrte. Sie war aus Holz geschnitzt und hatte Emailverzierungen in den leuchtendsten Farben.

Niemand ausser mir konnte diese Kiste sehen. Die Box existierte nicht wirklich, ich stellte sie mir einfach vor.

Wenn niemand da war, öffnete ich sie, und alle Arten von aussergewöhnlich bunten Gegenständen, Fischen, Geistern und süss duftenden, wilden Blumen fielen heraus.

In dieser Kiste, die mir ganz allein gehörte, bewahrte ich meine ersten Gedichte und meine ersten Träume von Grösse und Erfolg auf.»

Vielleicht sind es die Träume und Visionen aus der Magic Box ihrer Kindheit, die Niki de Saint Phalle später in ihren Kunstwerken realisierte.

Die Werke der Künstlerin faszinieren Menschen in aller Welt. In Italien ist es der Tarot-Garten, in Jerusalem ist es ein Spielplatz für Kinder, im Zürcher Hauptbahnhof ist es der übergrosse Engel, der in der grossen Halle schwebt.

11 Stefan

Karin Gündisch

Stefan sitzt in der Bank neben Melanie.
Alle andern Jungen sitzen neben Jungen.
Nur Stefan sitzt neben einem Mädchen.
Er sitzt gern neben Melanie.

Die Jungen hänseln Stefan und Melanie.
Auch die Mädchen hänseln sie.
Sie sagen: Stefan ist verliebt in Melanie!
Oder: Melanie ist verliebt in Stefan.
Stefan wird rot, und auch Melanie wird rot.
Sie getrauen sich gar nicht mehr miteinander zu sprechen.
Am liebsten möchte Stefan nicht mehr neben Melanie sitzen,
obwohl er sie mag.

Von wo wissen die, dass ich in Melanie verliebt bin,
denkt Stefan.
Er selbst weiss nicht, ob er verliebt ist.
Er weiss überhaupt nicht, wie Verliebtsein ist.
Er fragt seine Mutter: Wie ist das, wenn man verliebt ist?
Es kribbelt im Bauch und rumort in der Herzgegend herum,
sagt sie.
Mich sticht es in die Seite, sagt Stefan.
Das kommt nicht von der Liebe,
das kommt vom Fussballspielen, sagt die Mutter.

Diese Blödmänner, denkt Stefan,
ich bin doch gar nicht verliebt in Melanie!
Ich mag sie!
Und fertig!

Ich liebe dich

Ben Schott

Kantonesisch	Ngo Oi Lei
Katalanisch	T'estimo
Kurdisch	Ez te hezdikhem
Lateinisch	Amo te
Litauisch	Tave myliu
Morsesprache	.. .-.. .... .-.. .. . -.. .. -.- ....
Niederländisch	**Ik hou van jou**
Persisch/Farsi	Du stet daram
Polnisch	Kocham cie
Portugiesisch	Te amo
Rumänisch	Te iubesc
Russisch	Ja ljublju tebja
Schona-Sprache	Ndinokuda
Schwedisch	Jag älskar dig
Afrikaans	Ek het jou lief
Altgriechisch	Se erotao
Arabisch	**Ohhe-buk**
Brailleschrift	⠊ ⠇⠕⠧⠑ ⠽⠕⠥
Burmesisch	Chit pa de
Chewa	**Ndimakukonda**
Englisch	I love you
Esperanto	Mi amas vin
Finnisch	Minä rakastan sinua
Französisch	Je t'aime
Gälisches Schottisch	Tha gradh agam ort
Gujarati	Hoon tane pyar karoochhoon
Hawaiianisch	Aloha au ia oe
Hebräisch	Ani ohev otach
Hindu	My tumse pyaar kartha hun
Italienisch	**Ti amo**
Japanisch	Aishite imasu
Schweizerdeutsch	Ch'ha di gärn
Serbokroatisch	Volim te
Spanisch	**Te quiero**
Tagalog	Mahal kita
Thai	**Khao raak thoe**
Tswana	Keyagorata
Türkisch	**(Ben) Seni seviyorum**
Urdu	Mai aap say pyaar karta hoo
Vietnamesisch	**Toi yeu em**
Walisisch	Rwy'n dy garu di
Jiddisch	Ikh hob dikh lib
Zulu	**Ngiyakuthanda**

13 SIE KAM, SAH UND SIMSTE

Morgan Pozgars Daumen flitzen über die Tastatur wie kleine Akrobaten, ihr Blick ruht auf den Wörtern, die sie ins Handy tippen soll:

«Supercalifragilisticexpialidocious! Even though the sound of it is something quite atrocious. If you say it loud enough you'll always sound precocious.»

Während die meisten schon eine Ewigkeit brauchen, um diesen Satz aus dem Roman «Mary Poppins» der australischen Schriftstellerin P. L. Travers korrekt vorzulesen, tippt Morgan ihn in nur 15 Sekunden in ihr Handy! Ohne Abkürzungen, ohne Fehler.

Das genügt: Die fingerfertige 13-Jährige aus Claysburg im US-Bundesstaat Pennsylvania hat ihren letzten Gegner in einem SMS-Schnell-Tipp-Wettbewerb «ausgeklickt». Sie hat aber auch viel Übung: Angeblich schreibt Morgan 8000 Kurznachrichten pro Monat.

14 IM SPEISEWAGEN
Markus Ramseier

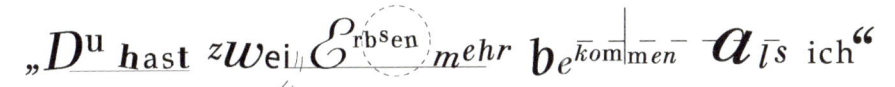

„Du hast zwei Erbsen mehr bekommen als ich"

beschwerte sich der Mann im Speisewagen nach einem Blick auf meinen Teller.
Ich zählte nach und nickte.
«Als Kind schlief er kaum», sagte seine Mutter.
«Von Kalendern war er fasziniert.
Oft liess er Kieselsteine durch die Hände rieseln.»

„Die Wurzel aus 73 ist 8,5 44 "

unterbrach er sie und wippte auf dem Polster herum,

„der 2. März 20 100 ist ein Donnerstag,
der 1. Dezember 10 000 ein Freitag.
Die Struktur des Kalenders wiederholt sich alle 28 und 400 Jahre."

Sie schöpfte nach.
«Einen Beruf übte er nie aus», sagte sie und fuhr ihm durchs Haar.
«Die Grundschule schaffte er nicht.
Am liebsten sass er auf Gehwegplatten.
Wenn ihn die Wut packte, schrie er wie ein exotischer Vogel!»

Schmatzend schob er sich den Kartoffelstock in den Mund.
Er war neununddreissig und schüttelte sich vor Freude.

«Wer war am 19. April 1960 auf Platz eins der US-Charts?»,
wagte ich eine Frage.

„Elvis",

kam es wie aus der Pistole geschossen,

"Stuck on You."

Er stand auf, nahm seine Brille von der Nase und kratzte damit an der Wand.
«In den vergangenen Jahren hat er viel gelernt», sagte seine Mutter,
«einen andern Menschen anzulächeln, einen Kaugummi zu kaufen.
Nur beim Überqueren der Strasse bleibt er manchmal noch stehen.»

15 MIT TIEREN IST MAN NIE ALLEIN

Seit Stunden liegt Ezra auf dem Fussboden und ordnet seine Plastiktiere.

Ganz allein und in sich versunken. Mit anderen Kindern spielt der Zehnjährige aus Los Angeles im US-Bundesstaat Kalifornien nie. Ezra redet sehr wenig und kann Gefühle anderer schwer verstehen. Wenn jemand Ezra anspricht, antwortet er nur kurz und abgehackt. Er vermeidet auch jeden Blickkontakt. Dabei ist der Junge ziemlich neugierig. Ezra interessiert sich zum Beispiel für Tiere, nicht nur für solche aus Plastik. Sein Vater geht jede Woche mit ihm in den Zoo, wo er echte Löwen oder Giraffen sehen kann. Zu Hause ist Ezra oft zappelig und kann kaum still sitzen. Im Zoo aber ist er ruhig. Es scheint, als würde er Tiere besser verstehen als Menschen. Ezras Eltern hoffen trotzdem, dass ihr Sohn irgendwann andere Kinder kennenlernt. Vielleicht jemanden, der sich auch für Tiere interessiert? So ein Mensch, glauben sie, könnte Ezras Freund werden.

KLEINER STREIT
Hans Manz

«Ich bin **2**fellos grösser als du»,

sprach zum **Einer** der **Zweier.**

«**3**ster Kerl, prahle nicht so!»,

knurrte der grössere **Dreier.**

«Und ich!», rief der **Einer,**

«bin zwar der kl**1**te, aber dafür bestimmt auch der f**1**te.»

«Nein, mir gibt man sogar noch den Sch**0**er»,

piepste der **Nuller.**

17 DIE SATZZEICHENTRAGÖDIE
Christine Nöstlinger, Jutta Bauer

Das Fragezeichen und das Rufzeichen verliebten sich ineinander und waren sehr glücklich. Doch der Punkt und der Beistrich, der Bindestrich und der Strichpunkt waren darüber sehr entsetzt. «Nie kann das gutgehen», sagten sie zum Rufzeichen und zum Fragezeichen. «Einer kerzengerade und einer doppelt krummgebogen, das passt nicht zusammen!»

So lange redeten sie auf das Rufzeichen und das Fragezeichen ein, bis die beiden es sich zu Herzen nahmen und dachten: «Wenn das so ist, dann muss ich mich anpassen!» Für meine grosse Liebe bin ich zu allem fähig!

Ganz heimlich schlich das Rufzeichen zum Schriftsetzer und liess sich von dem auf ein Fragezeichen verbiegen. Und das Fragezeichen schlich ebenso heimlich zum Schriftsetzer und liess sich auf ein Rufzeichen strecken. Durchs Verbiegen wurde aus dem Rufzeichen natürlich ein sehr kleines Fragezeichen, und durchs Strecken wurde aus dem Fragezeichen natürlich ein sehr grosses Rufzeichen. Und als sie dann einander – auf klein verbogen und gross gestreckt – wiedersahen, fingen sie zu weinen an. «Ich kann keinen lieben, der viel grösser ist als ich!», schluchzte das kleine Fragezeichen. «Und ich kann keinen lieben, der viel kleiner ist als ich!», schluchzte das grosse Rufzeichen. Dann gingen sie auseinander. Und der Punkt, der Beistrich, der Bindestrich und der Strichpunkt nickten einander zu und sagten: «Wir haben es ja von Anfang an gewusst!»

Ein SMS für Lola

Anita Siegfried

Donnerstag, 28. Februar

Liebes Tagebuch. Es ist bald Mitternacht. Eben bin ich nach Hause gekommen, und ich bin noch immer total aufgeregt. Dieser Tag hat so schlecht begonnen, wie er gut aufgehört hat!

Das war so: Am Morgen, gerade bevor ich zur Schule gehen wollte, hat Wanja den linken Schuh meiner neuen Sniggers gefressen. Das heisst: nicht ganz gefressen, aber der Schuh war total zerbissen. Ich hab geheult und Mama hat gesagt, ich soll nicht so ein Theater machen, dabei waren die Schuhe das letzte Paar in meiner Grösse und dazu noch teuer. Wanja, dieses Miststück. Nachher sass er da und wedelte mit dem Schwanz und hat mich so lieb angeschaut, dass ich ihm gar nicht böse sein konnte. Darum hatte ich den ganzen Tag über eine total schlechte Laune.

Aber am Abend, da bin ich mit Rena ins Kino gegangen, und der Tag war gerettet. Ich hatte schon lange mit ihr abgemacht, dass wir zusammen «Der Herr der Ringe» anschauen wollten. Jetzt bin ich noch immer so aufgeregt, dass ich nicht einschlafen kann. Ich glaube, Mama und Papa schlafen schon. [...]

Ich glaube, ich habe noch nie einen so spannenden Film gesehen.

Manchmal bin ich fast gestorben vor Angst. Es gab eigentlich fast nur schlimme Szenen. Ich hatte dauernd schweissnasse Hände. Am meisten hatte ich Angst um Frodo.

Also dieser Frodo, ich weiss ja nicht, wie er richtig heisst, der ist ja so was von süss, obwohl Frodo finde ich eigentlich einen doofen Namen, und die pelzigen Füsse haben mir auch nicht gefallen. Ziemlich anstrengend fand ich ausserdem, dass der Film auf Englisch ist und mit Untertiteln, das geht alles so schnell, da kommt man ja gar nicht nach mit Lesen.

Aber jetzt muss ich schlafen, ich bin todmüde, und morgen Nachmittag ist diese blöde Geschichtsprüfung. Ich werde mich ins Bett legen und versuchen, mich nochmals an alles zu erinnern.
An alle Bilder und Szenen. Vor allem an die, wo Frodo vorkommt.

Ach ja, das habe ich beinahe vergessen. Bastian aus der II C hat mir ein SMS geschickt, darin stand: Wilst du mir gehen? Willst mit einem L. Also so was kann man ja wirklich nicht ernst nehmen.

Freitag, 1. März

Liebes Tagebuch, ich liege im Bett, Stöpsel und Alicia Keys in den Ohren, und ich habe keine grosse Lust zum Schreiben. Ich bin völlig kaputt, habe letzte Nacht schlecht geschlafen und schreckliche Sachen geträumt, und die Prüfung ist miserabel gegangen. Dann war ich draussen mit Wanja, und er hat sich losgerissen und ist abgehauen, weil ein Eichhörnchen im Gebüsch war, und beim Abendessen haben Mama und Papa sich gestritten. [...]

Samstag, 2. März

Ausgeschlafen. Gefrühstückt. Mit Wanja spazieren gegangen.

Ich habe auch in dieser Nacht wieder die gleichen scheusslichen Sachen geträumt, das hat natürlich mit dem Film zu tun. Im Traum sind Dutzende von Gollums in mein Zimmer gekommen und an meinem Bett hochgeklettert. Dieser Gollum ist ja so was von widerlich, mit seinen Glubschaugen und wie er sich bewegt, igitt, ich ekelte mich richtig davor. [...]

In der Schule reden sie ja von nichts anderem als von diesem Film. Die Jungs tun obercool, ihnen gefallen die grauslichsten Szenen am besten, sie sagen, die und die Szene ist echt geil und ich weiss nicht was, aber ich habe das Gefühl, manches haben sie gar nicht richtig verstanden. Ich übrigens auch nicht, um ehrlich zu sein. Vielleicht werde ich mir den Film nochmals anschauen. [...]

Wanja schnarcht. Er liegt bei meinen Füssen und bewegt im Schlaf manchmal das eine Ohr.

Ja, ich denke, es ist wirklich eine gute Idee, nochmals ins Kino zu gehen. Schon nur wegen Frodo.

Sonntag, 3. März

Nicht viel gemacht. Ausgeschlafen, gelesen, vor der Glotze gesessen, zum Abendessen mit Papa Pizza gemacht. War alles ganz schön und gemütlich.

Dienstag, 5. März

Liebes Tagebuch. Hatte in der Geschichtsprüfung eine Drei. Ich habs gewusst. Aber was, bitte sehr, bringt es, zu wissen, wie diese römischen Kaiser hiessen und warum sie dies und das gemacht haben? Oder wie man römische Zahlen schreibt? Es ist mir so lang wie breit. Zum Trost gehe ich morgen nochmals den Film anschauen. Mama habe ich gesagt, ich werde bei Rena zu Mittag essen und dann mit ihr ins Hallenbad gehen. Rena ist immer eine gute Adresse für solche Dinge, weil Mama sie von allen meinen Freundinnen die netteste findet.

Bastian hat mir wieder ein SMS geschickt und gefragt, ob ich sein letztes SMS bekommen habe. Ich weiss nicht, was ich antworten soll. Ich habe ihn in der Pause beobachtet, wie er mit den Kollegen Basketball spielte. Sie sind ein Jahr älter und nicht mehr so Pimpfe wie die Jungs in meiner Klasse. Er hat schönes Haar, zu einem Pferdeschwanz gebunden. Er hat immer zu mir rübergeguckt.

Donnerstag, 7. März

Gestern ist das dritte SMS gekommen: Liebe Lola, MELDE DICH!!

Hilfe! Was soll ich bloss tun?

Als ich gestern ins Kino ging, da hatte ich das Gefühl, dass ich was total Verbotenes mache, weil ich ja zu Hause gesagt habe, ich sei mit Rena unterwegs. Schon als ich hineinging, war ich ganz aufgeregt, aber dort, wo man Frodo zum ersten Mal sieht, da hat mein Herz geklopft wie verrückt. Ich habe eigentlich immer nur auf Frodo gewartet. Ich finde ihn unheimlich süss. Ich finde, er ist der süsseste Junge, den ich überhaupt je gesehen habe. Diese Augen! Es haut dich um.

Inzwischen weiss ich auch, wie er richtig heisst, ich meine, wie der Schauspieler heisst, der den Frodo spielt: Elijah Wood. Elijah. Tönt fremd, aber echt schön, finde ich. Oder vielleicht sagt man auf Englisch Ilijah? Dieser Elijah, der im Film Frodo ist, den muss es ja irgendwo geben, in echt, meine ich. Wo er wohl lebt? Ich muss es unbedingt herausfinden. Er hat in Wirklichkeit bestimmt auch nicht diese hässlichen Pelzfüsse und so grosse Ohren. [...]

Jetzt bin ich müde und will von Elijah träumen. (Ich nenne ihn von jetzt an nur noch EW.) [...]

Freitag, 8. März

Ich bin ganz durcheinander. Ich kann nur an ihn denken, immer nur an ihn und an seine blauen Augen und wie er lächelt, und an sein schönes Gesicht. Ich sage es nur dir, liebes Tagebuch, und keinem anderen, es ist jetzt mein süssestes Geheimnis. Niemand weiss es, nicht mal Rena, meine beste Freundin: Ich bin total in ihn verknallt. Irgendwo habe ich mal gelesen, dass man einer solchen Augenfarbe sagt, «blau wie ein Bergsee, in den man eintauchen möchte». Oder sind sie himmelblau? Veilchenblau? Auf jeden Fall, wenn er mich anschauen würde mit diesen Augen, ich meine richtig, nicht von der Leinwand herab, dann würde ich gleich in Ohnmacht fallen.

Sonntag, 10. März

War gestern zum dritten Mal im Film. Ich habe immer nur auf Frodo geschaut. Ich kenne inzwischen jede Szene auswendig, in der er vorkommt, und ich weiss genau, was ihm jetzt gleich zustossen wird. Dort, wo er auf dem Berg fast stirbt, da sieht man sein Gesicht von ganz nah. Er ist sehr bleich, und man sieht die Adern unter seiner Haut. Dann stelle ich mir vor, dass ich mich über ihn beuge und ihn küsse und ihn wieder zum Leben erwecke. Dort, wo er in Lothlorien auf dem Bett liegt, stelle ich mir vor, ich liege neben ihm und halte seine Hand. Wie sie sich wohl anfühlt? Jede Nacht denke ich an ihn vor dem Einschlafen. Ich begleite ihn Schritt und Tritt auf seiner Reise, immer bin ich bei ihm, und er weiss es nicht.

Heute Morgen bin ich auf dem Schulhausflur Bastian begegnet, er kam die Treppe hoch und ich bin fast in ihn reingerannt. Hallo, Lola, hat er gesagt und ist ein bisschen rot geworden, und ich wohl auch. Ich habe ihm dann endlich ein SMS geschickt. Es hiess: «Willst» du schreibt man im Fall mit zwei LL, von Lola.

Donnerstag, 14. März

Heute gabs Schelte im Französischunterricht. Wo ich nur meinen Kopf habe, hat die Luchsinger gewettert, sie hätte mich schon zweimal aufgerufen und ich hätte nicht hingehört. Oh Gott. Die hat ja keine Ahnung, was es heisst, verliebt zu sein, sie ist ja auch schon fast dreissig.

Ich habe jetzt rausgefunden, wo EW wohnt: in Kalifornien.

Er hat eine eigene Website. Dort steht alles drin über ihn und über seine Familie. Es gibt auch Fotos von ihm: als Kind, zum Knutschen! Er mit seiner Schwester. Er mit seinem Hund, und man kann ihm auch Fanpost schicken. Aber das müsste sicher auf Englisch sein, und das schaff ich nicht. [...]

Morgen hat Papa Geburtstag! Ich habe ihm ein Taschenbuch gekauft, von einem englischen Autor, Mama hat mir den Titel angegeben. [...]

Sonntag, 17. März

Ich habe jetzt doch noch versucht, ein Gedicht zu schreiben. Nur so für mich. Ich werde es ihm bestimmt nicht schicken. Wie sollte ich auch, er würde es ja nicht verstehen. Mindestens zehnmal habe ich mit

Oh schönes Abbild eines Menschenkinds

Tag und Nacht denk ich an dich
mein ganzes Sehnen gilt nur dir,
das Bild von dir begleitet mich,
wärst du doch immer nur bei mir.

Deine Augen blau wie Abendlicht
ein Blick von dir und mir wird kalt und heiss,
ein dunkleres Geheimnis gibt es nicht,
und wie gut, dass es niemand weiss.

Selbst im Schlaf will ich dich nicht missen,
jede Nacht träume ich von dir,
ich sinke sehnsuchtsvoll ins Kissen
und auch am Morgen bist du wieder hier.

Willst du mich ins Verderben treiben?
Immer bist du nah und doch so fern.
Ich weiss, du wirst auf ewig bleiben
mein Morgen- und mein Abendstern

(Ich finde es echt bemerkenswert, ein Liebesgedicht zu schreiben, wo nicht ein einziges Mal das Wort Liebe drin vorkommt und auch kein Herz und Schmerz!)

dem Gedicht neu angefangen. Manche Wörter habe ich in Merets Synonym-Wörterbuch gefunden. Die Reime waren am schwierigsten. Den Titel habe ich aus einem Buch abgeschrieben. Ich finde, er tönt richtig poetisch und passt zu EW.

Montag, 18. März

Liebes Tagebuch. Was ich dir jetzt erzähle, ist unglaublich, einfach unglaublich. Ich kriegs noch immer nicht auf die Reihe. Echt. Also. Ich war, wie gesagt, am Samstag wieder im Kino. Aber das ist nicht der Punkt. Sondern: Rena war auch dort. Wir haben uns zum Glück nicht gesehen. Aber heute Morgen, in der grossen Pause, ist sie zu mir gekommen. Sie hat mich zur Seite gezogen und geflüstert: Lola, ich muss dir etwas sagen. Kannst du ein Geheimnis für dich behalten? Aber sicher, habe ich gesagt, obwohl ich denke, sobald du jemandem ein Geheimnis erzählst, dann ist es ja keines mehr. Also, die Rena kommt und sagt, sie will mir ein Geheimnis erzählen. Was ist es denn, sage ich gespannt, und die Rena sagt, oh Lola, ich war am Samstag nochmals im «Herr der Ringe», und weisst du was? Ich bin totaaal verliebt. Wow, sage ich, wie schön, wer ist es denn, und die Rena sagt (jetzt kommts):

Elijah Wood, weisst du, das ist der, der den Frodo spielt, und ich habe ihm schon einen Brief geschrieben. Ich glaube, nicht recht gehört zu haben. Oh, sage ich, ach der. Rena sagt, der ist ja so was von süss, findest du nicht auch, also ich werd fast verrückt. Ich sage, na ja, es geht. Das sage ich möglichst ruhig, aber ich muss nach Luft schnappen und mein Herz klopft fast zum Zerspringen. Ich hätte ihr die Augen hinter ihrer doofen Brille auskratzen können. Ich frage, hast du den Brief auf Englisch geschrieben oder wie, und Rena sagt, ja, aber mein grosser Bruder hat mir dabei geholfen. Also bitte sehr. Ein Liebesbrief, und der Bruder übersetzt. Hat man so was schon gehört? Was glaubt sie denn eigentlich? Denkt sie im Ernst, EW würde so eine Dünne wie sie mit ihren ein Meter achtundsechzig und der Zickenbrille auch nur eines einzigen Blickes würdigen? [...]

Jetzt bin ich hundemüde. Ich werde ins Bett gehen und Alicia Keys hören und einfach nur weinen weinen weinen, bis ich eingeschlafen bin. Und dazu muss ich morgen nach der Schule zum Zahnarzt.

Dienstag, 19. März

Liebes Tagebuch. Manchmal spielt einem das Leben übel mit. Es gibt doch ein Sprichwort, das heisst: ein Unglück kommt selten allein. Das stimmt. Ich bin der wandelnde Beweis dafür. Heute war ich, wie angekündigt, beim Zahnarzt. Man musste meine Spange neu einstellen, da dreht die blonde Tussie, die dort Assistentin ist, an den Drähtchen rum, und nachher tun dir den ganzen Tag die Zähne weh. Obwohl, ich durfte die Farbe der Gummis auswählen, sie sind rosa. Aber trotzdem, es wäre mir lieber, ich hätte gar keine Spange. Ich glaube auch nicht, dass EW mit einer ginge, die eine Spange trägt. Im Wartezimmer habe ich in einer Illustrierten geblättert, und was sehe ich? Da ist ein Bild von IHM! Er sieht ganz anders aus als im Film, mit kurzem Haar und gar nicht so süss, und darunter steht: «Zwischen Elijah Wood (21) und Franka Potente (28) knistert es ganz schön.» Da ist auch ein Foto von der Potente mit so einer doofen Mütze auf dem Kopf, und sie schreiben, dass die beiden sich bei Dreharbeiten in Kanada oder Panama oder was weiss ich wo begegnet sind und dass sie ineinander verknallt sind. Mir ist fast das Herz stillgestanden. Er verliebt sich in diese Oma! Ich kanns kaum glauben! Ich raffs nicht. Ich raffs einfach nicht. [...]

Freitag, 22. März

Habe von Bastian wieder ein SMS bekommen: Das ist aber keine Antwort auf meine Frage!!!

Mittwoch, 27. März

Ein Highlight. Ich habe im Deutschaufsatz eine 5-6 bekommen. Und: als ich gestern nach Hause kam, war auf meinem Handy wieder eine Nachricht von Bastian: Hallo, wiLLst du heute mit mir ins Kino gehen? Ich habe zwei Freitickets. Bastian. Ich habe geantwortet: Kul. Ja gerne, aber NICHT in «Herr der Ringe». Lieber etwas Lustiges.

Bastian und ich sind dann tatsächlich ins Kino gegangen. Es war ein Asterix-und-Obelix-Film. Ich habe viel gelacht, aber das ist nicht die Hauptsache. Nämlich: nach der Pause hat Bastian seine Hand auf meine gelegt. Auf die linke, weil ich rechts von ihm sass. Zum Glück war es schon wieder ganz dunkel, ich bin nämlich knallrot geworden, mir wurde ganz heiss im Gesicht. Und auch auf dem Heimweg haben wir uns an den Händen gehalten. Es war schön, es war richtig schön und irgendwie ganz selbstverständlich. Seine Hand fühlte sich gut an, nicht zu warm, nicht zu kalt, nicht zu trocken, nicht zu feucht, einfach gerade, wie es sein soll.

Am Wochenende ist Ostern. Familienschlauch [...] Wir fahren zur Oma nach Lugano.

Hilfe! Ich werde Bastian drei Tage lang nicht sehen!

Montag, 1. April

Liebes Tagebuch. Bin eben vom Tessin nach Hause gekommen. Habe mindestens eine halbe Stunde mit Bastian telefoniert. Und weisst du was?

Es ist mir egal, ob er Schreibfehler macht oder nicht. Es ist mir egal, dass seine Augen nicht so blau sind wie die von EW. Und er hat gesagt, er findet meine Zahnspange süss!

MEHNDI
Rainer Krettek

In Ägypten heisst es «Khenna», in Indien «Mendee» oder «Mehndi» (Hindi, mehnd), der arabische Name lautet «Al-Khanna», in England spricht man von «Egyptian privet» und in West-Indien von «Jamaica mignonette». All diese Ausdrücke bezeichnen die Kunst der Körperbemalung mit einer speziell angerührten Paste aus getrockneten, zerstossenen Hennablättern.

Die Mehndi-Kunst
In Nordafrika und Indien kennt man die Kunst der Mehndi-Malerei schon seit Jahrtausenden. Im Westen dagegen findet diese Tradition erst in der Gegenwart Anerkennung.

Die Hennapflanze
Die Hennapflanze Lawsonia inermis wurde nach dem britischen Arzt und Botaniker John Lawson benannt, der erstmals den stark färbenden Farbstoff aus den Blättern der Pflanze wissenschaftlich nachwies. Der zwischen zwei und sieben Meter hohe Strauch gehört zur Familie der Wegerichgewächse. Auffallend sind weniger seine farbkräftigen Blätter, sondern die stark duftenden weissen, rosa oder roten Blüten.

Traditionen
Auch wenn die Kunst der Mehndi-Malerei im gesamten Orient bekannt war, entwickelte sich doch in jedem Kulturkreis eine eigenständige Form der Darstellung. In Marokko, dem Sudan, in Ägypten, Indien und Pakistan sind die Arten des Gebrauchs so verschieden wie die Kulturen selbst.

Filigrane Ornamentik, magische Symbole, zeremonielle und rituelle Gestaltungen haben im Laufe der Zeit eine eigene Kunstgattung hervorgebracht. Doch nicht nur die Art der Muster unterscheidet sich je nach Kulturkreis, sondern auch die Körperstellen, auf die die Malereien angebracht werden.

Mehndi in Indien

In Indien baut man Henna auf riesigen Plantagen an. Die Blätter des Strauches werden während der Blütezeit geerntet. Die jüngsten Sprosse, die die grösste Färbekraft haben, werden getrennt von den anderen gesammelt. Sie dienen vor allen Dingen zum Färben der Haut. Die älteren Blätter besitzen dagegen weniger Färbewirkung und werden wie die Stängel für Shampoos und Haarfärbemittel verwendet.

Noch heute schmückt man sich in Indien für religiöse Zeremonien mit Hennamalereien. Die bekanntesten Beispiele sind Hochzeiten und «Diwale», das hinduistische Neujahr. Zwei Tage vor der Hochzeit beginnt das Mehndi-Ritual. Alle Frauen kommen zusammen und verbringen den Tag singend und lachend miteinander, während die Braut angemalt wird. Das Ritual dient nicht alleine der Verschönerung der Haut, sondern hat eine ganz wichtige soziale Komponente.

Das Bemalen der Hände, Unterarme, Füsse, Schienbeine und Waden dauert wenigstens sieben bis acht Stunden. Hinzu kommt die Zeit der Nachbehandlung, die ebenfalls mehrere Stunden in Anspruch nehmen kann.

Die ausgewählten Symbole sollen Braut und Bräutigam schützen, die Fruchtbarkeit fördern und dazu beitragen, dass die Ehe liebevoll und glücklich wird. Bei manchen Hochzeitszeremonien wird auch der Name des Bräutigams in die Zeichnung eingemalt. Die Trauung darf dann nicht eher stattfinden, bis die Braut die Buchstaben im Mehndi gefunden hat.

Der indische Glaube besagt, dass die Liebe zwischen den Eheleuten umso tiefer und dauernder wird, je dunkler die Farbe auf der Haut sichtbar ist und je länger sie hält.

Um die Haltbarkeit der Malereien zu gewährleisten, ist die Braut deshalb in den Wochen nach der Hochzeit von allen häuslichen Arbeiten befreit.

Wichtiger Hinweis

Henna wird seit über 5000 Jahren verwendet, und weil es ein vollkommen natürliches Produkt ist (ohne jegliche chemische Zusatzstoffe hergestellt), sind allergische Reaktionen äusserst selten. Dennoch sollte man wie bei jedem neuen Kosmetikprodukt vor dem ersten Gebrauch eine Allergieprobe vornehmen.

Das Glück

(20)

Zutaten

- 50 Gramm weiche Butter
- 50 Gramm gesiebten Puderzucker
- 50 Gramm gesiebtes Mehl
- 3 Esslöffel Öl
- 1 Eiweiss
- 10 Papierstreifen (etwa 0,5 mal 5 Zentimeter gross), auf die ihr eure Vorhersagen schreibt
- Backblech und Backpapier
- eine Pappschablone etwa so gross wie das Backblech in die ihr 3 bis 4 Kreise mit 10 Zentimeter Durchmesser schneidet.

Zubereitung

1 Als Erstes verrührt ihr die Butter mit Puderzucker und Eiweiss. Dann gebt ihr Mehl und Öl hinzu und rührt weiter, bis ein glatter Teig entstanden ist. Heizt den Backofen auf 150 Grad vor.

2 Bedeckt das Blech mit Backpapier, legt die Schablone darauf und gebt je einen Esslöffel Teig in jeden der Kreise. Verstreicht den Teig gleichmässig. Das geht am besten, indem ihr ein weiteres Pappstück als Spachtel zurechtschneidet.

3 Hebt die Schablone vorsichtig ab und schiebt das Blech in den heissen Ofen auf die mittlere Schiene. Lasst die Keksrohlinge etwa zehn Minuten backen – bis sich deren Ränder bräunlich färben.

4 Danach muss es schnell gehen, der gebackene Teig wird schon nach wenigen Sekunden hart. Nehmt das Blech aus dem Ofen. Jeder Kreis wird von einem Kind vom Blech genommen – Vorsicht, heiss! –, es legt einen Zettel in dessen Mitte und klappt den Teig zu einem Halbkreis.

5 Dessen gerade Seite knickt ihr noch einmal um, zum Beispiel über den Rand eines Schälchens. Das wiederholt ihr auch mit den übrigen Kreisen. Danach ist das Blech frei für die nächste Fuhre.

Drei Kilo Glück – und schon sinds vier
Brigitte Labbé, Michel Puech

Um sich etwas Gutes zu tun, hat sich Aurelia die neueste CD ihrer Lieblingssängerin gekauft.
Als sie in einem Schaufenster einen hübschen Schlüsselanhänger entdeckt, kauft sie ihn für ihre Freundin Claudia, die Schlüsselanhänger sammelt. Und auf einmal stellt Aurelia zu ihrer Überraschung fest, dass sie sich darüber, Claudia eine Freude zu machen, fast genauso freut wie über ihre eigene CD!

Das Glück hat einen sehr praktischen Nebeneffekt: Wenn man es weitergibt, vergrössert es sich! Das ist eine Besonderheit: Wer etwas verschenkt, hat normalerweise danach weniger!
Glück lässt sich natürlich weder wiegen noch messen. Aber stellen wir uns doch einmal vor, dass Felix mit drei Kilo Glück in der Tasche herummarschiert. Er trifft seinen besten Freund Jens und erzählt ihm von drei Kilo Glück. «Jens, stell dir

Glück für mich ist, wenn ich Spass in meinem Leben habe, wenn ich Freude spüren darf, wenn ich andern Freude machen kann und wenn ich mit anderen sein darf.
Jeder bekommt Glück – jeder Tag ist Glück, darum geniesse dein Glück!
von Lara (10 Jahre)

Für mich ist Glück, wenn mir etwas Aussergewöhnliches passiert.
Glück ist auch, wenn man gesund zur Welt kommt.
von Roberto Gabriel Marinho de Oliveira (13 Jahre)

Was macht dich glücklich?
Schülerinnen und Schüler antworten auf die Frage, was für sie Glück ist.

Ich habe sehr viel Glück, wenn ich neue Freunde finde.
Und wenn ich einen Freund endlich mal wieder treffen kann – habe ich eine extra grosse Portion Glück bekommen.
Wenn ich glücklich bin, fühle ich das im Herzen. Mein Herz hüpft herum, ist bunt und leicht, warm und seiden, hell und laut, rot und glatt.
von Alyssa (8 Jahre)

«Scherben bringen Glück», sagt ein Sprichwort. Warum?
○ Neue Tasse – neues Glück.
○ Das Klirren des zerspringenden Glases verscheucht die bösen Geister.
○ Wo Scherben liegen, geht man vorsichtig: Es passiert kein Unglück.
○ Scherben nannte man früher die Boten des Königshofes.

Wenn du gerade Mutters schönste Vase am Boden hast zerschellen lassen, bist du froh um tröstliche Sprüche wie den oben stehenden. Am besten kommt dieser an, wenn du ihn nicht gerade in Mutters erste Rage hineinplatzierst, sondern die erste Erregung abflauen lässt.
Wenn sie dich wieder in die Arme schliesst, kannst du ihr auch verraten, warum das Glück vielleicht zu euch kommt: Scherben verscheuchen böse Geister, glaubte man früher.

Glück und Glas
Glück und Glas, wie leicht bricht das.
Pech im Spiel, Glück in der Liebe.
Glücklich ist, wer vergisst, was nicht mehr zu ändern ist.
Trautes Heim, Glück allein.
Wir hatten Glück im Unglück.
Alles Glück dieser Erde liegt auf dem Rücken der Pferde.
Jeder ist seines Glückes Schmied.
Glück hat auf Dauer doch zumeist nur der Tüchtige.
Dem Glücklichen schlägt keine Stunde.

vor: Ich habe drei Kilo Glück in der Tasche!» Jens freut sich. «Toll, das ist aber schön für dich!» Da Jens sich für Felix freut, hat er plötzlich auch ein Kilogramm Glück in der Tasche. Felix bemerkt dies und – hopp! – aus seinen ursprünglich drei Kilo sind plötzlich vier Kilo geworden. Es kann sich nur um Zauberei handeln. Aber nein, es ist keine Magie: Glück erzeugt nur weiteres Glück.

(21) MEIN HERZ IST IM LIBANON
Hamsa Geia

Vor dem Bürgerkrieg nannte man den Libanon «Die Schweiz des Nahen Ostens». Mein Vater war Offizier und gehörte der libanesischen Berufsarmee an. Unsere Familie kam 1990 in die Schweiz. Ich war damals sieben Jahre alt. Libanesische Freunde meiner Eltern kannten die Schweiz aus ihren Ferien und bezeichneten sie als Paradies. Nach unserer Ankunft in Zürich Kloten wohnten wir einige Tage in einem Zentrum für Flüchtlinge, bevor wir ins Tösstal gebracht wurden. Dort lebten wir ein Jahr lang in einem Flüchtlingsheim. Was mir in der Schweiz besonders auffiel, war die Ruhe.

In Beirut hört man das Gehupe der Autos Tag und Nacht. Ich konnte deswegen oft nicht schlafen. Auch die sauber gekleideten Menschen in der Schweiz waren für mich ein ungewohntes Bild. Im Libanon trugen sehr viele Leute zerrissene Hemden und Hosen.

Nach der Realschule arbeitete ich während eines Jahres in der Metallwerkstätte des städtischen Einsatzprogramms «Transit». Dort habe ich auch gelernt, wie man sich um eine Lehrstelle bewirbt. [...]

Da ich gerne mit Menschen zusammen bin, kam mir die Idee einer Verkäuferlehre. Ich habe mich bei der Migros telefonisch erkundigt und mich anschliessend beworben. Ich hatte die Möglichkeit, in der Migros-Filiale Stadelhofen zu schnuppern. Bereits vier Wochen später erhielt ich den Lehrvertrag. [...]

Ich bin stolz, so rasch eine Lehrstelle gefunden zu haben. Auch meine Eltern sind stolz auf mich und darauf, dass ich nach dem Lehrabschluss ein Diplom besitzen werde.

Alle drei Monate wechsle ich die Abteilung. Momentan arbeite ich im Früchte- und Gemüserayon, dann wechsle ich zu den Kolonialwaren. Ich möchte gerne Rayonchef werden.

Wäre ich im Libanon, so würde ich den Fastenmonat einhalten. Hier in der Schweiz geht das nicht, da ich den ganzen Tag arbeite. Letztes Jahr habe ich den Ramadan eingehalten, dieses Jahr liess ich es bleiben. Mit leerem Magen schwere Collis herumzuschieben und Gestelle aufzufüllen, hat mir gesundheitlich zugesetzt. Ich fühlte mich schwach und mir fehlte die «power».

Den Ramadan in Beirut zu erleben, ist eben etwas ganz anderes. Nach Sonnenuntergang gehen die Leute auf die Strasse, setzen sich ins Restaurant und essen und diskutieren. Und das bis spät in die Nacht. Man fühlt sich wie in einer grossen Familie, obwohl man nicht alle kennt. [...]

Als ich im Libanon lebte, begann ich, den Koran zu lesen. Ich habe fast alles wieder vergessen. Bei uns zu Hause stapeln sich kleine Gebetsbüchlein, die man sich beim Verlassen der Wohnung in die Brusttasche stecken kann. Sie sollen einen beschützen. Nein, ich trage keines auf mir, da ich mich nicht als religiösen Muslim bezeichne. Ich liebe alle Menschen, sofern sie nichts gegen mich haben. [...]

Erzähle ich den Leuten, woher ich komme, höre ich oft nur ein einziges Wort: «Aha.» Dann frage ich zurück: «Isch öppis nöd guet?» Viele haben Vorurteile Libanesen gegenüber. [...]

Mein Vater sagt immer: «Schaue immer nach vorne und mache keine krummen Dinge.» Ich halte mich an seine Worte. Mein Vater ist dreiundfünfzig Jahre alt und hat zehn Jahre lang als Bodenleger gearbeitet. Zurzeit ist er arbeitsunfähig. Er liegt im Spital, da die Ärzte Krebs diagnostiziert haben.

In Winterthur kenne ich kaum Libanesen in meinem Alter. Ich bin meistens mit Schweizern zusammen. Sie sind für mich wie Brüder.

In letzter Zeit bin ich wegen meines kranken Vaters kaum mehr ausgegangen. Denke ich in der Disco an ihn, so fällt es mir schwer, mich zu vergnügen.

Meine Mutter sagt, dass ich wie mein Vater sei. Auch er geniesst es, Menschen um sich zu haben. Er liebt jeden, der zu ihm kommt. Er würde alles für ihn tun. Mir geht das ebenso. Dieses Gefühl erlebe ich auch in unserer Familie. Ich schaue zu jedem meiner Geschwister. Ich bin derjenige, der sich erkundigt, wie es ihnen geht. Ich habe zehn Geschwister. [...]

Sieben wurden im Libanon geboren, drei in der Schweiz. Meine jüngste Schwester ist zehn Jahre alt, meine älteste Schwester ist zwanzig und arbeitet als Pflegeassistentin in einem Spital in Winterthur.

Bis vor einem Jahr spielte ich als Stürmer im FC Veltheim-Winterthur. Doch das war eine Katastrophe. Erzielst du kein Tor, hacken alle auf dir herum. Für welche Mannschaft mein Herz schlagen würde, wenn die Schweiz gegen den Libanon antreten müsste? Sagen wir es so: Verlieren die Schweizer, so ist das in Ordnung, gehören die Libanesen zu den Schwächeren, ist das auch okay. Doch die Schweiz wird ohnehin nie gegen den Libanon spielen.

Was die Schweiz für mich ist? Hier fühle ich mich wohl. Die Leute sprechen, ohne eine Sekunde zu zögern Schweizerdeutsch mit mir. Die Schweiz ist meine zweite Heimat geworden. Doch ich vermisse das Meer und meine Verwandten. Mein Herz ist im Libanon, meine Haut ist in der Schweiz.

Seit zehn Jahren habe ich den Libanon nicht mehr besucht. Vielleicht reise ich im kommenden Jahr mit meinem Bruder und mit meinem Vater hin. Meine zwei Schwestern und meine Mutter waren vergangenes Jahr in Beirut. Im Zentrum der Stadt besitzen wir immer noch eine kleine Wohnung. Sie wird während der Ferien jeweils von unserer Familie bewohnt.

Was ich mir wünsche? Dass Muslime, Christen und alle anderen Menschen sich nicht mehr bekämpfen. Wie das erreicht werden soll? Ich habe keine Antwort. Würde jeder den anderen lieben, gäbe es keine Kriege mehr.

WIE ES ALLMÄHLICH BIS ZU MIR KAM
Ernst Jandl

der

die

der vater

die mutter

der vater und

die mutter und

der vater und **die**
die mutter und **der**

der vater und **die** mutter
die mutter und **der** vater

der vater und **die** mutter und
die mutter und **der** vater und

der vater und **die** mutter und **ich**

23 DER WEISSE TOD
Stefan Jäger, Bibiana Beglau

Der Walliser Landwirt Josef Tannast, 49, wurde am 16. Dezember 1981 bei Wiler im Lötschental von einer Lawine verschüttet. Gleichzeitig lag auch sein Bruder Stefan unter den Schneemassen. Josef Tannast wurde nach zwei Stunden gerettet, auch sein Bruder hat überlebt. Beide leben und arbeiten noch heute im Lötschental.

Erzählen Sie vom Tag des Unglücks.
> Mein Bruder und ich waren ausserhalb des Dorfes und wollten eine Garage vom Schnee befreien. Wir haben dann losgeschaufelt, aber immer ein bisschen mit der Angst, dass da etwas in Sachen Lawine passieren könnte. Es war uns bewusst, dass es gefährlich ist.

Wie schnell kam die Lawine?
> Schnell. Ich hatte immer hochgeschaut, Richtung Berg, und auf einmal hörte ich ein Pfeifen. Das war der Luftdruck, der mit grossem Getöse Richtung Tal kam, und dann habe ich meinem Bruder zugerufen: «Der Mühlebach kommt!» Im gleichen Augenblick sind wir schon vom Dach gesprungen. Er hat Deckung gesucht in der Unterführung, die unter der Hauptstrasse lag. Ich bin Richtung Dorf gerannt, und als ich auf der Hauptstrasse war, kam auch gleich der Luftdruck.

Was heisst «Luftdruck»?
> Die Lawine schickt einen ungeheuren Luftdruck voreweg.

Ist das dann wie eine Staubwolke?
> Ja.

Kann man da drin atmen?
> Kaum. Das ist ein ungeheurer Wind, vermischt mit Schnee. Der nimmt einen mit, der reisst einen mit.

Und dann kommt die Masse?
> Hintennach kommt die Masse: mit Holz, Steinen, mit allem Möglichen.

Wie gross ist der Abstand zwischen Luftdruck und Masse?
> Die Lawine kommt je nach Steigung des Geländes langsamer oder schneller. Aber der Luftdruck ist viel schneller. Der kommt mit 200 bis 300 km/h.

Wie haben Sie reagiert, als Sie erfasst wurden?

Ich habe mich auf den Boden geworfen, auf der Hauptstrasse. Dann war der Schnee auf mir drauf. Ich war innert Sekunden verschüttet.

Wie sind Sie gelegen?

Auf dem Bauch. Ich hatte eine Hand vor dem Kopf und eine am Körper.

War es komplett dunkel?

Komplett, ja, null Licht. Und vor allem ein ungeheurer Schneedruck und Probleme mit der Atmung. Ich hatte kaum eine Atemhöhle. Zuerst hab ich natürlich versucht, mich zu bewegen, aufzustehen. Aber das war völlig unmöglich.

Panik?

Ja. Einfach Angst. Wegen dem Atmen. Nach einer gewissen Zeit konnte ich mich beruhigen. Ich war ja die ganze Zeit bei Bewusstsein. Ich habe mir immer wieder gesagt: Jetzt musst du die Zehen bewegen. Auch die Hand wollte ich bewegen, aber das ging nicht. Und am Kopf war der Schnee plötzlich wie Eis.

Wie viel Raum war vor dem Gesicht?

Praktisch keiner.

Aber wie kann man dann so lange bei Bewusstsein bleiben?

Keine Ahnung, es ist ein Riesenwunder für mich, dass ich das überlebt habe.

Hatten Sie Angst zu sterben?

Ja. Ich wusste aber gleichzeitig, die retten mich. Da war ich hundert Prozent sicher und überzeugt, weil ich ja mitten auf der Strasse lag. Ich habe dann auch an meinen Bruder gedacht, wo der wohl sei, und ich war überzeugt, die finden uns beide.

Wie spürt man die Kälte?

Es war schon sehr kalt. Es war ja nass auf der Strasse, und ich habe meine Knie nicht mehr gespürt. Die waren gefroren. Nach der Bergung konnte ich die Hose nicht mehr ausziehen. Die musste man mit einer Schere aufschneiden.

Hatten Sie Verletzungen?

Nein.

Haben Sie Ihr Herz gehört?

Natürlich. Der Herzschlag war extrem.

Besonders schnell?

Das war gleich wie bei der Atmung. Am Anfang war er extrem schnell, und dann hat er sich beruhigt.

Wie war das Zeitgefühl?

Es waren zwei Stunden, und ich dachte, es sei ein ganzer Nachmittag.

Hört man etwas?

Man sagt im Allgemeinen, dass man noch etwas höre, doch ich habe nichts gehört. Später habe ich erfahren, dass über mir auf der Lawine ein landwirtschaftliches Gebäude gelegen hatte, in dem Heu und Holz drin waren, und das muss das Ganze noch irgendwie isoliert haben.

Was ist mit Gerüchen?
> Ich habe nichts gerochen.

Haben Sie mit sich selbst gesprochen, um sich zu beruhigen?
> Gesprochen nicht, aber ich habe mir Gedanken gemacht.

Haben Sie Geräusche gemacht, um Ihre Stimme zu hören?
> Ich nehme an, ich habe wahrscheinlich geschrien, geheult – oder wie sagt man?

Geweint?
> Ja.

Wie weit gehen die Gedanken ans Sterben? Denkt man schon an Momente nach dem Tod, die eigene Beerdigung?
> Nein. So weit ging es nicht.

Denkt man an das bisherige Leben?
> Nein. Ich war so überzeugt, dass ich gerettet werde ...

Waren Sie wütend, weil die Helfer so lange nicht kamen?
> Nein. Gar nicht. Ich hatte einfach das Gefühl, es dauert lange, aber sie kommen.

Als Sie gerettet wurden, haben Sie erst einmal richtig nach Luft geschnappt?
> Die Rettung war heftiger als alles andere. Richtig gefährlich. Die wussten ja nicht, wo genau ich bin. Und dann haben sie die Strasse mit grossen Baumaschinen frei geräumt. Als ich vom Dach auf die Strasse gesprungen bin, habe ich die Schneeschaufel verloren. Und der Stiel der Schaufel war sichtbar, also haben sie vermutet, dass ich in der Nähe liege. Dabei war ich etwa 25 Meter weiter abwärts. Sie haben also versucht, die Strasse frei zu machen, und so bin ich irgendwann im Schnee vorangeschoben worden.

Mit dem Schnee zusammen?
> Zweimal. Das weiss ich haargenau. Zweimal haben sie mich gestossen. Da war dann noch mehr Druck auf mir.

Was ist Ihnen da durch den Kopf gegangen?
> Ich hatte ja keine Ahnung, was passiert. Und beim zweiten Mal – waren meine Beine plötzlich im Freien! Dann bin ich selber aufgestanden. Da war ich frei. Da bin ich aufgestanden und wollte natürlich sofort raus aus dem Schnee. Da ging es mir dann körperlich ganz schlecht. Extrem. Der Schritt vom Schnee raus an die Luft ist sehr heikel. Ich habe das aber total unbewusst gemacht. Ich war frei und wollte aufstehen. Das war eine automatische Reaktion. Und dann hab ich gehört, wie da einer Trompete spielt. Von ganz fern, kam es mir vor. Sie hatten vereinbart, auf diese Weise Alarm zu schlagen, wenn eine Lawine losgeht. Und offenbar glaubte der Trompeter, es komme bereits die nächste, was dann aber nicht der Fall war. Jedenfalls, während er mit der Trompete warnte, hat er mich da stehen gesehen. Ich stand aufrecht in der Strasse. Dann kamen die Leute, haben mich betreut, und es war vorbei.

24 EBBEFLUT
Timm Ulrichs

```
ebbeebbeebbeebbe
ebbeebbeebbeebbe        flut
ebbeebbeebbe        flutflut
ebbeebbe        flutflutflut
ebbe        flutflutflutflut
    flutflutflutflutflut
ebbe        flutflutflutflut
ebbeebbe        flutflutflut
ebbeebbeebbe        flutflut
ebbeebbeebbeebbe        flut
ebbeebbeebbeebbe
ebbeebbeebbeebbe        flut
ebbeebbeebbe        flutflut
ebbeebbe        flutflutflut
ebbe        flutflutflutflut
    flutflutflutflutflut
ebbe        flutflutflutflut
ebbeebbe        flutflutflut
ebbeebbeebbe        flutflut
ebbeebbeebbeebbe        flut
ebbeebbeebbeebbe
ebbeebbeebbeebbe        flut
ebbeebbeebbe        flutflut
ebbeebbe        flutflutflut
ebbe        flutflutflutflut
    flutflutflutflutflut
ebbe        flutflutflutflut
ebbeebbe        flutflutflut
ebbeebbeebbe        flutflut
ebbeebbeebbeebbe        flut
ebbeebbeebbeebbe
ebbeebbeebbeebbe        flut
ebbeebbeebbe        flutflut
ebbeebbe        flutflutflut
ebbe        flutflutflutflut
    flutflutflutflutflut
ebbe        flutflutflutflut
ebbeebbe        flutflutflut
ebbeebbeebbe        flutflut
ebbeebbeebbeebbe        flut
ebbeebbeebbeebbe
ebbeebbeebbeebbe        flut
ebbeebbeebbe        flutflut
ebbeebbe        flutflutflut
ebbe        flutflutflutflut
    flutflutflutflutflut
```

25 HEIMAT LOSE
Joachim Ringelnatz

Ich bin fast
Gestorben vor Schreck:
In dem Haus, wo ich zu Gast
War, im Versteck,
Bewegte sich,
Regte sich
Plötzlich hinter einem Brett
In einem Kasten neben dem Klosett,
Ohne Beinchen,
Stumm, fremd und nett
Ein Meerschweinchen.
Sah mich bange an,
Sah mich lange an,
Sann wohl hin und sann her,
Wagte sich
Dann heran
Und fragte mich:
«Wo ist das Meer?»

26 STELL DIR VOR
Michèle Lemieux

Stell dir vor,
ein Lebewesen
von einem anderen Stern
würde sich
unter uns verstecken!

27 PRODUKTNAMEN
Andreas Lötscher

ADIDAS Sportbekleidung. Der Name ist eine Kombination aus dem Namen des Firmengründers: «Adi» für Adolf und «Das» für Dassler.

NIKE Sportbekleidung. Das griechische Wort «nike» heisst «Sieg»; als Warenname verheisst es dem Träger dieser Kleidung Erfolg.

Nike ist eine Siegesgöttin aus der griechischen Sagenwelt. Sie besitzt vier Geschwister, aber nur Nike wurde kultisch verehrt. Sie ist daher auch die bekannteste der vier Geschwister. Zentrum ihres Kultes in Athen war die Akropolis.

In der Kunst wird sie fast immer mit Flügeln dargestellt. Nike wurde häufig abgebildet. Zum Gedenken an grosse Siege wurden ihr viele Denkmale errichtet.

PUMA Sportbekleidung. Der Name spielt auf den Puma an, eine in Südamerika beheimatete Raubkatze.

Das Symboltier weckt zum Produkt passende Vorstellungen, wie katzenhafte, elegante Sprungkraft, Schnelligkeit, Gewandtheit; das sind Fähigkeiten, die auch als Ideale für Sportler gelten.

Man kann sich fragen, warum gerade der relativ unbekannte Puma als Signet ausgewählt wurde und nicht etwa der Löwe oder der Tiger. Sicher spielt hier einerseits der Klang eine Rolle: «Puma» ist als Wort klangvoller als der Name anderer Raubkatzen. Andererseits werden viele andere Raubkatzen mit Eigenschaften wie «aggressiv», «gefährlich», «brutal» in Verbindung gebracht. Für Automarken, wie z. B. «Jaguar», sind solche Gedankenverbindungen nicht unbedingt schädlich, wohl aber für Bekleidungen. Gerade auch dadurch, dass der normale Europäer sich unter einem Puma nichts sehr Konkretes vorstellen kann, eignet sich das Wort als Produktname.

Ovomaltine Milchgetränkepulver, das Bestandteile aus Eiern – lateinisch «ovum» – und Malz – englisch «malt» – enthält. Im Volksmund wird der für ein so beliebtes Produkt etwas lange Name oft zu «Ovo» oder «Ovi» abgekürzt.

LEGO Kinderspielzeug aus Plastikwürfeln zum Zusammenstecken.

Der Name dieses dänischen Produkts ist eine Verkürzung aus dänisch «leg godt!», übersetzt «spiel gut!» Etwas übertreibend könnte man sagen, dass dieser Name die gleiche geniale Einfachheit wie das Spielzeug selbst hat: Es ist ein Wort, das einprägsam und klangvoll ist, gleichzeitig aber auch in allen Sprachen und vor allem von Kindern aller Sprachen leicht ausgesprochen werden kann. Dass für Leute, die nicht Dänisch können, der bedeutungsmässige Hintergrund nicht durchschaubar ist, ist in solchen Zusammenhängen unwichtig.

28 EIN HAUCH VON MAILAND
Andrea Knecht

Mailand. Ich stieg aus. Endlich. Meine Beine waren steif und dort, wo ich mit dem Kopf gegen das Zugfenster gelehnt hatte, fühlte sich meine Stirn seltsam kalt an. Es war ein gutes Gefühl, wieder festen Boden unter den Füssen zu spüren. Vielleicht fühlte es sich auch nur so gut an, weil es Mailand war. Mailänder Bahnhof. Ich zog meinen Koffer weg vom Bahnsteig und versuchte, gleichzeitig die verschiedenen Gerüche und die einzelnen Menschen im Gewimmel wahrzunehmen. Ich sog die Luft ein. Der scharfe Geruch von Bremsstaub und Urin vermischte sich mit dem unzähliger Parfüms, verschwitzter Haut und lang getragener Lederjacken. Ich roch den Duft von Abenddämmerung und Abgasen und da wurde es mir plötzlich bewusst: Ich war zurück, zurück in Italien.

Ich bahnte mir einen Weg durch die Menschen, um einen Blick auf die grosse Anzeigetafel werfen zu können. Ich stand da, suchte den Zug nach Palermo, ohne Umsteigen, wurde kurz angerempelt. Gleis 14 stand da. Mir war klar, dass es keinen Sinn hatte, zu dem Geleise hinzugehen und auf den Zug zu warten, denn mit Sicherheit würde alles nochmals geändert werden.

Es war eigenartig, faszinierend, dass der Ort trotz der vielen hetzenden Leute eine Ruhe ausstrahlte. Neben mir sprach ein Mann in schnellem Italienisch in sein Handy und eine müde aussehende Frau schimpfte laut mit ihrem Kind. Ein hübscher Junge mit Rucksack und Skateboard lächelte mir im Vorbeigehen zu, und mir wurde schlagartig klar, dass ich all diese Leute nie mehr sehen würde, was mich so traurig stimmte, dass ich der schimpfenden Frau ein melancholisches Lächeln zuwarf und Richtung Toiletten verschwand.

Der breitschulterige Mann in Uniform liess mich durch das Drehkreuz und einen kurzen Moment fühlte ich mich wie ein Schwerverbrecher, der in eine kleinere Zelle befördert werden musste und ging schnell weiter.

Trotz der Putzfrau im grünen Kittel, die gerade den Fussboden aufwischte, war der Uringestank beinahe unerträglich. Ausserdem hatte ich Mühe, den Schlitz für die Ein-Euro-Münze zu treffen, da das blaue Licht in den Augen schmerzte. In der Kabine war der Fussboden mit nassem Klopapier bedeckt und ich beeilte mich, wieder rauszukommen und meine Hände zu waschen.

Auf der Anzeigetafel stand inzwischen, dass mein Zug nach Palermo in einer halben Stunde auf Gleis fünf ankommen würde. Ich lächelte, als ich einige Leute schimpfen hörte und sich eine Gruppe laut schnatternder Japaner um einen Bahnbeamten drängte. Ja, die waren bestimmt noch nie in Italien gewesen.

Gemächlich schlenderte ich zwischen den Leuten auf den kleinen Bahnhofshop zu. Ich liebte diesen Laden. Die Gestelle waren verwinkelt, überladen und mit allen mehr oder weniger brauchbaren Dingen vollgestopft. Es roch nach Kühltruhe und frischem Brot. Das Licht war grell, doch es störte irgendwie nicht. Ich ging an den meterlangen Salamiwürsten und den hellblauen Stoffbären vorbei und kaufte mir eine Flasche Mineralwasser. Die Kassiererin wirkte mürrisch und ich bedankte mich besonders höflich, obwohl sie mir zu wenig Rückgeld gegeben hatte.

Erst als ich wieder draussen stand, fiel mir auf, wie stickig die Luft drinnen gewesen war.

Aus einem Lautsprecher ertönte blechern eine Stimme, übertönt vom lauten Rattern der Anzeigetafeln, die einmal mehr Gleisänderungen durchgab.

Ich entfernte mich, um auf einen Souvenirshop zuzugehen und all den alten Kram zu bestaunen, der schon seit Jahren hier stand und verstaubte. Ich betrachtete eine Madonna aus Plastik, und den Gedanken, dass wahrscheinlich nie jemand diese kitschige Plastikfrau kaufen würde, fand ich beschämend. Ich sass da und Maria mit dem Jesuskind im Arm schaute mich durchdringend an, als wollte sie sagen: «Nimm mich mit.»

Eine Lautsprecherdurchsage liess mich aufschrecken, und trotz des einfahrenden Zuges, der die Hälfte der Worte unverstanden machte, hörte ich deutlich das Wort «Palermo» heraus. Ich sah der Madonna mit einem Anflug schlechten Gewissens nochmals in die traurig blickenden Augen und hastete dann durch den Bahnhof Richtung Gleis fünf.

Der Zug stand schon da, als ich angerannt kam. Ich bahnte mir einen Weg vorbei an den hastenden Leuten, vorbei an den Gepäckwägelchen, vorbei an den Billetautomaten. Ich schaute auf die Wagennummerierung. Ich lief gerade an 417 vorbei. Auf meiner Fahrkarte stand 421, Abteil 356.

Ich bremste mein Tempo. Der Zug würde hier noch eine ganze Weile stehen. Bei Nummer 419 hatte sich ein Pulk junger Männer gebildet, sie alle trugen AC-Milan-Shirts, -Flaggen oder -Schals und klangen ziemlich betrunken.

Einer stand im Abteil, die anderen reichten ihm Gepäck durchs Fenster, reichten ihm die Hände, um selbst auf gleichem Weg einzusteigen. Ich ging schnell weiter und spürte, wie ich automatisch die Schultern hochzog.

Beim Einsteigen rempelte ich einen Mann mit schickem Anzug versehentlich an, worauf er mich anschnauzte und ich mich hastig entschuldigte.

Als ich Abteil 356 betrat, stand dort eine ältere Frau in einem blassrosa Nachthemd, die sich gerade die Zähne putzte und mir ein freundliches Lächeln schenkte, worauf sie ausspucken musste, um sich nicht vollzukleckern. Ich lächelte zurück und steuerte auf das untere Bett zu. Ich war froh, dass die Nonna das obere Bett genommen hatte, denn im Laufe der Nacht würde es sehr stickig werden, und die ganze verbrauchte Luft würde die obere Liege als feuchtheisse Wolke einhüllen. Auf meinem Bett lag in Plastik verschweisst meine Bettwäsche aus papierartigem Vlies, das einen nachts unangenehm schwitzen, säuerlich stinken liess. Während die Alte die Leiter runterklappte und sich ächzend auf ihr Bett fallen liess, riss ich das Plastik von meinem Bettüberwurf, entwirrte die einzelnen Teile und warf sie auf meine Liege.

Draussen war es inzwischen dunkel geworden. Ich schob das Rollo hoch und öffnete das Fenster. Die Lichter leuchteten greller als bei meiner Ankunft und die Luft roch frischer; nach Nacht. Nach Mailand.

Ich musste einfach nochmals Boden unter den Füssen spüren, Mailänder Boden. Als der schrille Pfiff des Schaffners Pfeife ertönte, und die Lokomotive laut schnaubte, stieg ich wieder ein und ging zurück in mein Abteil, in dem die alte Frau lag und leise schnarchte. Der Zug ruckelte ein wenig, langsam rollte er aus dem Bahnhof, vorbei an den Menschen, vorbei an den Gepäckwägelchen vorbei an den Billetautomaten, raus aus der Bahnhofhalle. Ich trat an das geöffnete Fenster und sog die Luft ein, roch feuchte Kühle, Nacht, den beissenden Bremsstaub und Abgase, einen Hauch von Mailand.

29 MEINE FERIEN
Christine Nöstlinger, Jutta Bauer

WELTENBUMMLER

Juan Moreno

Tanja und Denis Katzer machen keine Reise. Sie haben ein Lebensprojekt: 30 Jahre lang wollen sie unterwegs sein, für die längste, dokumentierte Expedition der Menschheitsgeschichte. Seit 1991 lebt das Ehepaar seinen Traum aus. Denis, damals 31 Jahre alt, hatte eine Ausbildung zum Einzelkämpfer bei der Bundeswehr hinter sich und arbeitete als Verkaufsleiter. Seine Passion aber galt dem Reisen. Er besuchte Urvölker in Südamerika und Papua-Neuguinea. Schliesslich beschloss er, seinen Beruf aufzugeben und «die grosse Reise» zu beginnen.

Seine Frau Tanja, eine gelernte Reiseverkehrskauffrau, die zudem als Fotomodell jobbt, kündigte ebenfalls.

Seither haben die Katzers einen Alltag, um den sie viele beneiden. Über 266 000 Kilometer haben sie mittlerweile zurückgelegt. 7000 Kilometer davon zu Fuss und mit Kamelen im australischen Outback. Sie durchqueren den Sinai. Nun wollen sie fünf Jahre mit dem Fahrrad durch Osteuropa und Asien fahren. Nach Deutschland kommt das Paar nur noch sporadisch. «Um», wie Denis Katzer sagt, «mal Urlaub zu machen.»

31 DIE WEITE WELT
Christine Nöstlinger, Jutta Bauer

«Mich zieht es in die weite Welt hinaus, ich will die Fremde kennenlernen», sprach Herr Meier, packte zwei grosse Koffer voll, tat sie in den Kofferraum seines Autos, winkte seinen Nachbarn zu und brauste ab. Fuhr und fuhr drauflos, tankte, fuhr und fuhr, tankte, fuhr und fuhr und fuhr … bis er, nach drei Tagen, endlich zu sich sprach: «So, nun bin ich aber ganz weit in der Welt! Fremder kanns gar nicht mehr werden!»

Er mietete sich ein kleines Haus, trug seine Koffer ins Haus hinein und holte allerhand aus den Koffern heraus:

Das Hochzeitsfoto seiner Eltern. Das hängte er an die Wand. Eine Plastiktischdecke mit Rosen drauf. Die breitete er über den Tisch.

Zwei Kochtöpfe, eine Tasse, zwei Teller und eine Filterkaffeemaschine. Die tat er auf ein Bord über dem Herd.

Ein kleines Kissen aus gestreiftem Samt. Das legte er auf das Bett. Einen Jogginganzug. Den zog er an.

Dann setzte er sich zum Fernseher und schaute sich den Eurovisions-Song-Contest an und seufzte zufrieden: «Ganz wie zu Hause!»

DER PAPALAGI
Erich Scheurmann

Was ist ein Papalagi?
Papalagi (sprich Papalangi) heisst: Der Weisse, der Fremde, wörtlich übersetzt aber der Himmelsdurchbrecher. Der erste weisse Missionar, der in Samoa landete, kam in einem Segelboot. Die Eingeborenen hielten das weisse Segelboot aus der Ferne für ein Loch im Himmel, durch das der Weisse zu ihnen kam. – Er durchbrach den Himmel.

Von den steinernen Truhen
Der Papalagi wohnt wie die Seemuscheln in einem festen Gehäuse. Er lebt zwischen Steinen wie der Tausendfüsser zwischen Lavaspalten. Steine sind rings um ihn, neben ihm und über ihm. Seine Hütte gleicht einer aufrechten Truhe aus Stein. Einer Truhe, die viele Fächer hat und durchlöchert ist.

Man kann nur an einer Stelle des Steingehäuses ein- und ausschlüpfen. Diese Stelle nennt der Papalagi den Eingang, wenn er in die Hütte hineingeht, den Ausgang, wenn er hinausgeht; obwohl beides ganz und gar ein und dasselbe ist. An dieser Stelle ist nun ein grosser Holzflügel, den man kräftig zurückstossen muss, ehe man in die Hütte hinein kann. Man ist jetzt aber erst am Anfang und muss noch mehrere Flügel zurückstossen, dann erst ist man wirklich in der Hütte.

Die meisten Hütten sind nun von mehr Menschen bewohnt, als in einem einzigen Samoadorfe leben. Man muss daher genau den Namen der Aiga wissen, zu der man auf Besuch will. Denn jede Aiga hat einen besonderen Teil der Steintruhe für sich, entweder oben oder unten oder in der Mitte, links oder rechts oder gerade vor. Und eine Aiga weiss oft von der anderen nichts, gar nichts. Sie wissen oft ihre Namen kaum, und wenn sie einander an dem Einschlupfloch begegnen, geben sie sich nur unwillig einen Gruss oder brummeln sich an wie feindliche Insekten. Wie erbost darüber, dass sie nahe beieinander leben müssen.

Die Hütte ist von vielen steilen Steinwänden durchbrochen, und man schlüpft weiter durch Flügel und Flügel von Truhe zu Truhe, die kleiner und kleiner werden. Jede Truhe – die der Papalagi ein Zimmer nennt – hat ein Loch, wenn sie grösser ist, zwei oder noch mehr, durch die das Licht hereinkommt. Diese Löcher sind mit Glas zugetan, das man fortnehmen kann, wenn frische Luft in die Truhen soll, was sehr nötig ist. Es gibt aber viele Truhen ohne Licht- und Luftloch.

Ein Samoaner würde in solcher Truhe bald ersticken, denn nirgends geht ein frischer Luftzug hindurch wie in jeder Samoahütte. Dann auch suchen die Gerüche des Kochhauses nach einem Ausgang. Zumeist ist aber die Luft, welche von draussen hereinkommt, nicht viel besser. Man kann schwer begreifen, dass ein Mensch hier nicht sterben muss, dass er nicht vor Sehnsucht zum Vogel wird, ihm keine Flügel wachsen, damit er dorthin fliegen kann, wo Luft und Sonne ist. Aber der Papalagi liebt seine Steintruhen und merkt die Schädlichkeit nicht.

Zwischen diesen Truhen verbringt nun der Papalagi sein Leben. Er ist bald in dieser, bald in jener Truhe, je nach Tageszeit und Stunde. Hier wachsen seine Kinder auf, hoch über der Erde, oft höher als eine ausgewachsene Palme – zwischen Steinen.

Von Zeit zu Zeit verlässt der Papalagi seine Privattruhen, wie er sie nennt, um in eine andere Truhe zu steigen. In der arbeitet er und die Aiga besucht ihn dort meistens nicht.

Auf diese Weise leben in Europa so viele Menschen, wie Palmen in Samoa wachsen, ja noch viel mehr!

Die vielen Dinge
Lasst euch von mir berichten, ihr lieben Brüder der vielen Inseln, was dies ist, ein Ding. – Die Kokosnuss ist ein Ding, der Fliegenwedel, das Lendentuch, die Muschel, der Fingerring, die Essensschale, der Kopfschmuck, alles dies sind Dinge. Es gibt aber zwei Arten von Dingen:

1. Es gibt Dinge, die der grosse Geist macht, ohne dass wir es sehen, und die uns Menschen keinerlei Mühe und Arbeit kosten, wie die Kokosnuss, die Muschel, die Banane.
2. Und es gibt Dinge, die die Menschen machen, die viel Mühe und Arbeit kosten, wie der Fingerring, die Essensschale oder der Fliegenwedel. Die Bewohner der Samoa-Insel meinen, dass uns diese Dinge, die viel Mühe und Arbeit kosten, fehlen.

Aber Samoa ist voll von Dingen des grossen Geistes: der Urwald mit seinen wilden Tauben, den Kolibris und Papageien, die Lagune mit ihren Seegurken, Muscheln und Langusten und anderem Wassergetier, der Strand mit seinem hellen Gesicht und dem weichen Fell seines Sandes, das grosse Wasser, das zornig sein kann wie ein Krieger und lächeln kann wie eine Taopou, das grosse blaue Gewölbe, das sich zu jeder Stunde wandelt und uns goldenes und silbernes Licht bringt.

Eine europäische Hütte hat so viele Dinge, dass, wenn jeder Mann eines Samoadorfes seine Hände und Arme beladen würde, doch nicht das ganze Dorf genügte, sie alle davonzutragen.

In einer einzigen Hütte sind so viele Dinge, dass es viele Männer und Frauen braucht, die nichts tun, als diese Dinge dahin zu stellen, wohin sie gehören, und sie vom Staub zu reinigen.

Wenn ein Europäer etwas sein will, muss er viele Dinge besitzen. Darum ruhen die Hände der Papalagi nie im Machen von Dingen. Deshalb sind ihre Gesichter oft müde und traurig, und darum kommen auch nur die wenigsten unter ihnen dazu, die Dinge des grossen Geistes (Urwald, Tauben, Kolibris, Papageien und Seegurken usw.) zu sehen, auf dem Dorfplatz zu spielen, frohe Lieder zu dichten und zu singen oder an den Sonnentagen zu tanzen und sich vielfach ihrer Glieder zu freuen, wie uns allen bestimmt ist.

Sie müssen ihre Dinge behüten. Die Dinge hängen sich an sie und bekriechen sie wie die kleine Sandameise.

Vergessen wir also nie, dass wir Samoaner nur wenig Dinge brauchen ausser den Dingen des grossen Geistes – und es braucht sogar mehr als ein Menschenleben dazu all diese schönen grossen Dinge zu sehen, die uns umgeben. Tanzen wir!

Anmerkung des Herausgebers
Der Papalagi ist ein Buch des deutschen Malers und Schriftstellers Erich Scheuermann. Es enthält die fiktiven Reiseberichte eines Südseehäuptlings. Es erschien erstmals 1920.

LEXIKON
Aiga = Familienverband, Sippe

DIE SCHWARZEN BRÜDER
Lisa Tetzner, Hannes Binder

Giorgio liebt das Tessin!
Das Zwitschern der Vögel, ihre feinen Federn
Und das kleine Herz, das mächtig klopft.

Das Rauschen der Verzasca, die kühle Luft,
wenn oben die Hitze drückt.

Giorgio arbeitete gerne bei den Gemüsebeeten.
Mutter hatte sie unten in der Schlucht angelegt.

Gleich in der Nähe waren die besten Beerenplätze von Sognono.
Nur Anita hatte er sie gezeigt.
Mit ihr teilte er alle seine Geheimnisse.

Unten in der Schlucht hatte er auch den Dachs beobachtet.
Nie hätte er den Platz verraten, wenn nicht ...
Eines Morgens hatte der Vater grosse Schäden am Mais entdeckt.
Giorgio erkannte sofort die Spuren im Ackerboden.
Da entschied er sich doch, den alten Baretta zum Dachsbau zu führen.

Der Gesang der Amsel.
Beeren essen mit Anita.
Das Lied der Bergfinken.

Ein Mann kommt ins Dorf.

Die Familie sitzt noch am Kamin, als der Vater zurückkommt.
«Was gabs?», fragt die Mutter.
«Es war wirklich ein Mann mit einer Narbe, der mich sprechen wollte.»

«Und was wollte er?»
«Er kauft Kinder.»
«Kinder!» Die Mutter und die Nonna schreien auf. Auch Giorgio, der mit Vater hereingekommen ist, schaut erschrocken auf.
«Der Mann will mir dreissig Franken geben.» Der Vater zeigt auf Giorgio. «Für den da, wenn ich ihn für einen Winter mit nach Mailand gebe.»
«Dreissig Franken?», wiederholt die Mutter. «Was soll er denn dort?»
«Arbeiten», meint der Vater.
«Und was hast du dem Kerl gesagt?»

Die Mutter blickt ihn fragend an. Der Vater kneift die Augen zusammen. «Dreissig Franken sind mir für einen so grossen Buben zu wenig. Er ist mir sechzig wert.»
«O du Rabenvater!», schreit die Grossmutter und wirft dem Vater ein Stück Holz vor die Füsse.

«War das immer noch zu wenig?» Der Vater schaut sie lachend an. «Im nächsten Jahr kommt er übrigens wieder.»
«Warum?»
«Er sagt, ich werde ihm dann meinen Buben sogar mit Freuden für dreissig Franken geben.»
«Dieser Teufel!», ruft die Mutter.
Der Vater lacht wieder. «So sah er auch aus.»

Und dann, jedes Mal, wenn etwas passiert, denken sie alle an den Mann.
Und es passiert viel in diesem Jahr. Sehr viel.
Der Sommer bringt nur Dürre, das Grünfutter wird täglich knapper.
Mutter ist am Nachmittag in einen steilen Hang gestiegen, um Zweige zu schneiden.
Als sie beim Dunkelwerden noch nicht zurück ist, geht Giorgio sie suchen.
Er findet sie ohnmächtig liegen. Ihr Fuss scheint gebrochen. Was jetzt? Wie sollen sie einen Arzt bezahlen?

Der Mann mit der Narbe weiss schon davon, als er zwei Tage später im Grotto sitzt.
«Die Zeit ist um. Dieses Jahr braucht ihr mich. Zwanzig Franken.»
«Halsabschneider, Verdammter [...]»
Der Vater macht einen Schritt zur Tür: «Wann muss er gehen?»
«Übermorgen muss er in Locarno sein.»

In der Nacht hat es angefangen zu regnen. Als Giorgio von der Nonna geweckt wird und hinausblickt, sieht er schon Hunderte von kleinen Sturzbächen von den Hängen springen. Aus der Schlucht herauf hört er die Verzasca brausen.

stöhnt bei jeder Bewegung.
«Das Wetter, du gehst wohl nicht nach Locarno?»
«Doch», antwortet Giorgio, der genau weiss, dass ihn der Mann mit der Narbe erwartet, am Abend im Grotto San Perdu.
«Addio, Mutter, und lieg schön still. Morgen ist bestimmt der Arzt da und alle Schmerzen sind vorbei.»
Die Nonna hat für Giorgio Polentaschnitten, ein Stück Ziegenkäse, etwas Brot und einige Trauben in einen Sack gesteckt.
«Leb wohl», sagt sie und küsst Giorgio auf die Stirn.
«Addio!» Er gibt ihr die Hand, nimmt seinen Sack und geht zum Stall.
Der Vater steht im Regen und lacht. Giorgio kann es genau sehen, wie seine Schultern auf und ab hüpfen und der Kopf sich vor Lachen schüttelt.

Plötzlich verzieht sich das Gesicht des Vaters und das Lachen verschwindet. Vor Freude über den Regen hat Roberto fast vergessen, dass sein Sohn heute fort muss.
«Bist du mir böse, Giorgio?»
«Nein, Vater. Wenn ihr nun das Geld für Mutter bekommt. Nächstes Jahr müsste ich ohnehin irgendwo in Dienst.»
«Ich wusste es ja, Giorgio, dreizehn und tapfer. Es ist ja nur für ein paar Monate.»
Giorgio ist elend zumute. Soll er dem Vater sagen, was Anita erzählte? Sie hat gehört, dass viele Kaminfegerjungen bei der Arbeit sterben.
«Hast du sonst alles in Ordnung gebracht?», fragt der Vater noch.
«Am Nachmittag kommt Anita und holt meinen Specht, die Meisen und den Kauz.
Die Kaninchen sollen die Zwillinge haben.»
«Addio.» Sie geben sich die Hand.
«Addio.»

Die Schwarzen Brüder
Hannes Binder / Lisa Tetzner

Roman in Bildern   Sauerländer

34 ICH WILL DICH HEUT NICHT SEHEN
Bernhard Lins

Ich will dich heut nicht sehen
und sag dir ins Gesicht:
Ich will dich heut nicht sehen.
Ich mag dich heute nicht.

Ich kann dich heute nicht riechen,
du machst dich nicht beliebt.
Mach bitte eine Fliege,
bevor es Ärger gibt.

Ich möchte heut allein sein
und sag dir ins Gesicht:
Ich hab heut schlechte Laune
und mag mich selber nicht.

Ich will dich heut nicht sehen.
Ich weiss, das klingt gemein.
Doch ich kann heute leider nicht
auf Knopfdruck lustig sein.

Hast du mal schlechte Laune,
dann kann ich dich verstehn.
Und spätestens heut Abend
möchte ich dich wieder sehn.

Ich bin Anders

Lioba Happel

Ich bin, finde ich, irgendwie anders als die andern,
also einerseits gerade so wie sie.
Nämlich alle in meinem Alter denken, dass sie anders sind als die andern.
Sie haben Angst, nicht dazuzugehören.
Sie finden vorsichtshalber alles okay, wie es ist.
Was bleibt ihnen auch anderes übrig, sagen sie.

Aber da bin ich dann «andererseits»: Ich finde es nicht immer okay,
dass alles ist, wie es ist.

Ich finde es zum Beispiel nicht in Ordnung, wenn ein Mädchen
wie meine Freundin Jupiter auf dem Schulhof
oder in unserer Strasse hören muss: «He, du schwarze Kaffeebrühe!»,
nur weil sie keine Hautfarbe hat wie die meisten Leute
aus der Rue du Lait, nämlich eine Hautfarbe wie abgestandene Milch.

Anderes Thema: Findet ihr es okay, wenn Eltern dauernd
von Scheidung reden und ihre Kinder tagelang
in zwei blutenden Hälften herumlaufen müssen, die sie gerade eben
noch zusammenhalten, wenn sie in die Schule gehen?

Und findet ihr es in Ordnung, wenn man von unserer Lehrerin
Madame Gurkenstaude auf die Toilette gejagt wird,
nur weil einem im Unterricht dann ein paar Tränen übers Gesicht laufen?

Anderes Thema: Ich finde es überhaupt nicht lustig, wenn ein Junge
in meinem Alter einen eigenen Chauffeur hat und einen Radiergummi
in einer Goldfassung, die so viel kostet, wie die sechsköpfige Familie des Jungen,
der neben ihm sitzt, brauchen würde, um endlich einmal in Urlaub zu fahren.
Ich finde, die Menschen sind komische Leute!

Und ich habe keine Lust, so zu tun, als seien zum Beispiel
die Erwachsenen schon ganz in Ordnung, nur weil sie uns
den ganzen Tag lang vor der Glotze sitzen lassen, damit Ruhe ist!

36 STEPHEN HAWKING – DER «MEISTER» DES UNIVERSUMS

Stephen Hawking, der 1942 in Oxford geboren wurde, war schon als Kind scharfsinnig und besonders begabt in Mathematik. Er erfand schon früh ausgeklügelte Brettspiele, probierte sie aus und richtete in seinem Zimmer eine Art Erfinderwerkstatt ein. Dort lagen alle möglichen Werkzeugteile herum, die er aus Apparaten verschiedener Art herausschraubte. Aber Zusammensetzen mochte er sie in der Regel nicht wieder.

Er schaffte es an die berühmte Universität Oxford und war um einiges jünger als seine Mitstudenten. Er studierte Naturwissenschaften. Leider langweilte er sich im Studium. Aber er biss sich durch und nach drei Jahren hatte er den Universitäts-Abschluss in der Tasche. Jetzt ging es erst richtig los: Für das

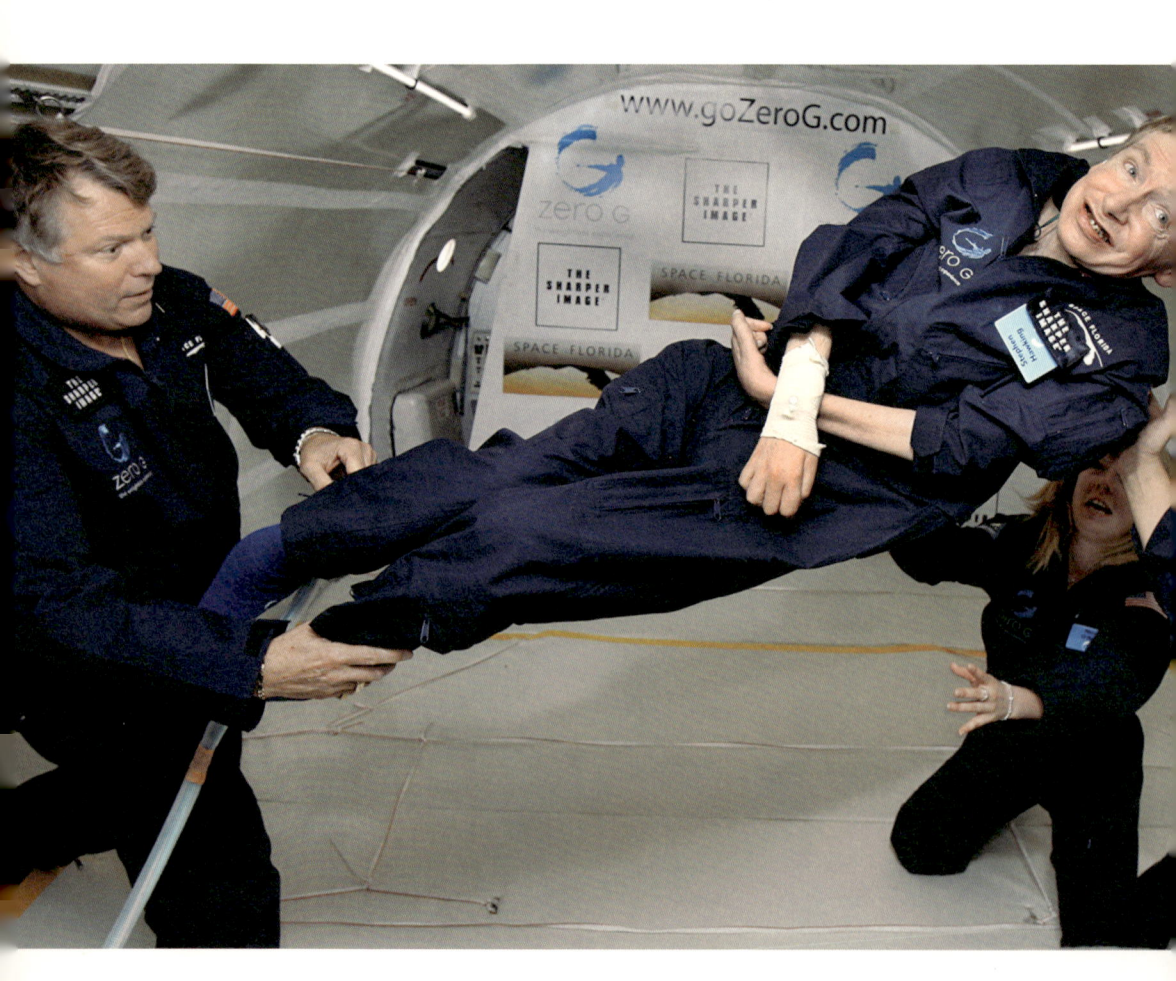

Hawking während seines Experimentalfluges in der Schwerelosigkeit

Doktorats-Studium wechselte er die Universität und ging nach Cambridge. Man munkelt, dass die Professoren in Oxford sogar froh waren, dass sie Hawking loswurden. Vielleicht deshalb, weil er bereits so weit war mit seinem Wissen, und zudem kann ein so begabter Student auch Konkurrenz für einen Professor oder eine Professorin bedeuten.

Während er an seiner Doktorarbeit tüftelte und schrieb, machten ihm bereits gewisse alltägliche Bewegungen Schwierigkeiten. Seine Beine trugen ihn nicht verlässlich über kleine Hindernisse oder er hatte Probleme, die Hände richtig zu koordinieren. Auch beim Sprechen machte seine Zunge nicht mehr genau das, was er wollte.

Er nahm diese Signale zu Beginn nicht ernst und achtete längere Zeit genau darauf, dass andere davon nichts merkten.

1962 stürzte er auf dem Eisfeld und es gelang ihm nicht, sich selbst wieder aufzurichten. Die Ärzte stellten ihm die Diagnose, die sein Leben veränderte: ALS, Amyotrophische Lateralsklerose, ist eine unheilbare Krankheit, die erst die Nerven, dann die Muskeln angreift. Nun war ihm klar, warum er manchmal beim

Von 1995 bis 2006 war Stephen Hawking nochmal verheiratet mit Elaine Mason, der Frau auf dem Foto.

Sprechen, Gehen oder mit den Händen Mühe hatte. Die Ärzte gaben ihm nur noch zwei Jahre zum Leben. Aber die Krankheit verlief ganz unerwartet bei Hawking. Noch nach zwei Jahren konnte er mithilfe eines Stockes gehen. Er war voller Hoffnung. 1965 heiratete er die Studentin Jane Wilde, auch das gab ihm neuen Lebenswillen und er gründete mit ihr eine Familie. Bis 1979 bekam das Paar drei Kinder. Gemeinsam mit seiner Tochter Lucy schrieb er «Der geheime Schlüssel zum Universum», in dem die beiden die Hawking-Theorien rund um den Kosmos mithilfe einer packenden Geschichte erzählen.

Das Buch, das ihn berühmt machte und mit dem er zu einer Art Popstar wurde, heisst: «Kurze Geschichte der Zeit». Darin schaffte er es, auf interessante und einfache Weise das Phänomen der schwarzen Löcher im All zu erklären. Und es behandelt auch Fragen rund um den Kosmos und dessen Entstehung.

wichtige Preise erhielt für seine Entdeckungen im Universum. Er reiste viel, diskutierte und referierte an internationalen Kongressen, wurde zum Professor in Cambridge ernannt und erhielt den Albert-Einstein-Preis.

Zum Glück haben gewiefte Erfinder einen Spezialcomputer entwickelt, der die Worte, die Hawking spricht, zusammensetzen kann, denn inzwischen geht das Sprechen nicht mehr. Und weil auch diese Erfinder nicht aufgaben, haben sie eine weitere technische Hilfe für Hawking gefunden: Mithilfe der Bewegung der Augen kann Hawking nun den Computer steuern und kommunizieren.

Hawkings Lebenswillen ist ungebrochen. Er hat sich bereits ein neues Ziel gesetzt. Er möchte ins All reisen, dorthin, wo ihn seine Forschungen ein Leben lang hintrugen. Mit 65 Jahren schwebte er während eines Experimentalfluges in der Schwerelosigkeit im Kennedy Space Center. Ein erster Schritt in Richtung Ziel ist damit bereits getan.

Leider war die Krankheit doch nicht aufzuhalten. Ende der 60er-Jahre reichte der Stock als Gehhilfe nicht mehr aus. Hawking liess sich aber nicht entmutigen, nahm die nächste Etappe der Krankheit an und besorgte sich einen Rollstuhl. Für seine Frau Jane wurde dadurch vieles schwieriger und anstrengender. Sie unterstützte ihn, wo sie konnte, und war eine der wenigen, die ihn trotz der Sprechschwierigkeiten noch verstand. Hawking war aber geistig derart in Hochform, dass er

③⁷ BIN ICH SCHÖN?
Michèle Lemieux

Bin ich schön?
Bin ich nett?
Und klug?

38 DIE SANDUHR
Nach einer Idee von
Gerri Zotter, Mira Lobe, Renata Welsh

```
           Die Sanduhr

        Die Zeit verrinnt
        Die Zeit verrinnt
        Die Zeit verrinnt
        Die Zeit verrinnt
        Die Zeit verrinnt
        Die Zeit verrinnt
        Die Zeit verrinnt
        Die Zeit verrinnt
         Die Zeit verrin
          Die Zeit verr
           Die Zeit ve
            Die Zeit
             Die Zei
              Die Z
               Die
                D
                i
                e
                z
                e
                i
                t
                v
                e
                r
                r
               t  e
              t iry e
             t zi D iZe
            ry e n  i Ze
           te nrt reity
          nv vne Zn t en
         izei et tiznt ehr
        ezrit tDrriZeyDiez
       trinntDeierrinnizet
      tDieizrtinntrz t ni
     nitezinert trit v
    ei zvnti nDirt e  n
   Zei ti nnDhitv in
  tDernt ntZe ierrn
```

JUFLE
Markus Bundi

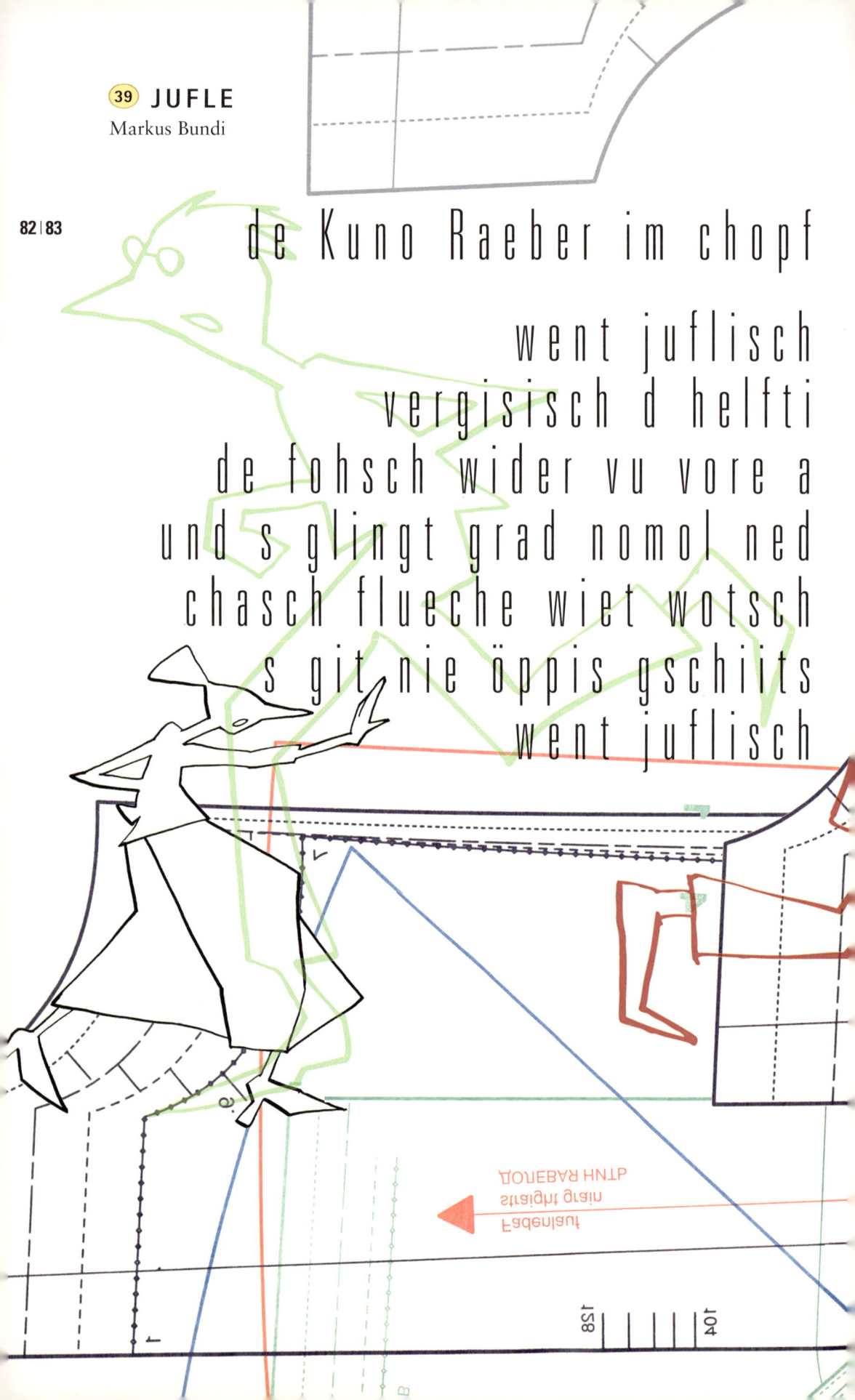

de Kuno Raeber im chopf

went juflisch
vergisch d helfti
de fohsch wider vu vore a
und s glingt grad nomol ned
chasch flueche wiet wotsch
s git nie öppis gschiits
went juflisch

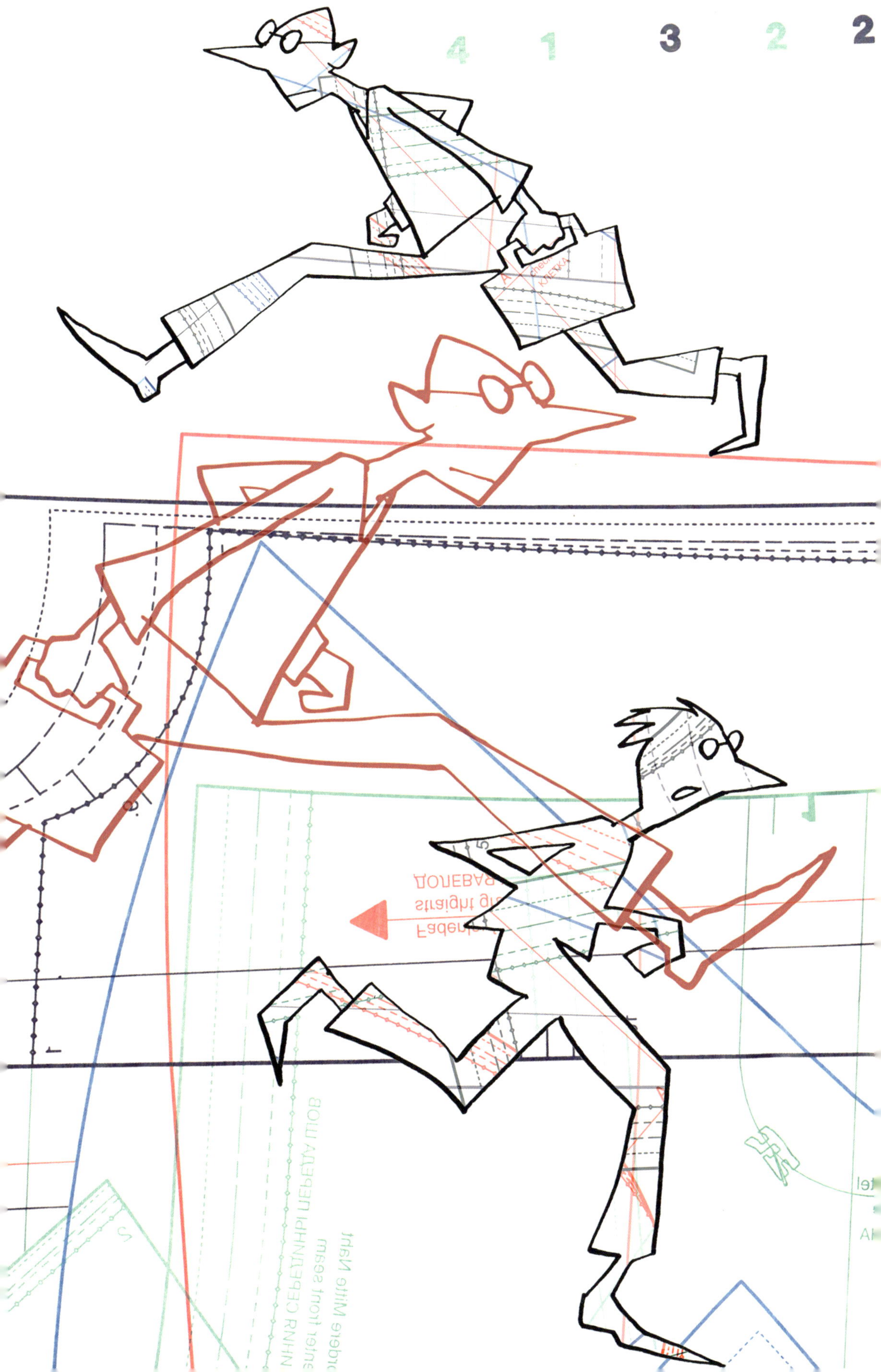

⓴ GEDICHTE IM LEBEN VON JACK
Sharon Creech

13. September

Ich will nicht. Jungs schreiben keine Gedichte. Mädchen schon.

Die rote Schubkarre
von William Carlos Williams

So viel hängt
ab von

einer roten Schub-
karre,

glänzend vom Regen-
wasser,

neben den weissen
Hühnern.

27. September

Ich versteh das nicht,
dieses Gedicht über
die rote Schubkarre
und die weissen Hühner
und warum so viel
von ihnen
abhängt.

Wenn das ein Gedicht ist,
das über die rote Schubkarre
und die weissen Hühner,
dann können alle Wörter
ein Gedicht sein,
Man muss nur
kurze
Zeilen
machen.

Habs probiert.
Geht nicht.
Kopf leer.

4. Oktober

Versprechen Sie,
dass Sies nicht
vorlesen?
Versprechen Sie,
dass Sies nicht
ans Brett hängen?

Okay, hier ist es,
aber gut finde ich es nicht.

So viel hängt ab
von einem
blauen Auto,
bespritzt mit Dreck
rast es die Strasse hinunter

10. Oktober

Wie meinen Sie das –
Warum hängt so viel
ab von
einem blauen Auto?

Sie haben vorher nicht gesagt,
dass ich schreiben soll, warum.

Der Schubkarren-Typ
schreibt auch nicht, warum.

Anhalten beim Wald an einem Schneeabend
von Robert Frost

Wes' Wald es ist, weiss ich genau,
er wohnt im Dorf, dort steht sein Haus;
er sieht nicht, dass ich stehen bleib
und schaun will, wie der Schnee treibt.

Mein kleines Pferd denkt: Was ist los?
Hier ist kein Farmhaus in der Näh,
nur Bäume, ein gefrorner See,
nachtschwarze Dunkelheit hier bloss.

Es rüttelt sein Geschell und fragt,
ob dies vielleicht ein Irrtum sei.
Man hört hier nur den Wind so leis,
der sanft die leichten Flocken jagt.

Wie schön und dunkel ist der Wald,
doch weil ich manch' Versprechen gab,
muss ich noch weit, bevor ich schlaf,
noch meilenweit, bevor ich schlaf.

17. Oktober

Was sollte dieses
Schneewald-Gedicht
das heute dran war?

Warum geht der Mensch nicht
einfach weiter, wenn er
noch meilenweit gehen muss,
bevor er schlafen kann?

Und warum soll ich noch mehr
über das blaue Auto sagen,
das, mit Dreck bespritzt,
die Strasse runterrast?

Ich will nicht
über das blaue Auto schreiben,
das meilenweit fahren musste,
bevor es schlief,
so viele Meilen,
in so einem Tempo.

24. Oktober

Ich muss leider sagen:
Dieses Tiger-Tiger-Gedicht
hab ich nicht so ganz verstanden,
aber irgendwie klingt es gut,
finde ich.

Hier ist das blaue Auto
im Tiger-Ton:
Auto, Auto blau und hell,
du fährst durch die Nacht so schnell,
in der schwarzen Dunkelheit
sieht dich keiner weit und breit.

Doch, ich seh dich in der Nacht,
blaues Auto, Lichterpracht,
seh dich, denn du leuchtest hell,
wie ein Stern, und fährst so schnell.

Ein paar von den Tiger-Tönen
hab ich noch im Ohr,
wie Trommeln, die
tromm-tromm-trommeln.

31. Oktober

Ja,
Sie können
die beiden Auto-Gedichte
ans Brett hängen,
aber nur, wenn Sie
meinen Namen
nicht
draufschreiben.

Der Tiger
von William Blake

Tiger! Tiger! Feuerpracht
in der Wälder dunkler Nacht,
welches Auge, welche Hand
hat dein schrecklich' Bild gebannt?

41 DIE GESCHICHTE VOM HOLZWURM
Erwin Moser

In einem Dachstuhlbalken lebten einmal fünf Holzwürmer. Ihr Leben bestand aus Nagen, Nagen und nochmals Nagen. In der Zeit, in der sie nicht nagten, schliefen sie und das war auch schon alles. Schon die Eltern der fünf Holzwürmer hatten in diesem Balken ihr Nagewerk verrichtet und ebenso ihre Grosseltern und ihre Urgrosseltern. Auch die Eltern der Urgrosseltern und deren Grosseltern hatten schon an diesem Balken genagt. Kurzum, die ganzen Vorfahren der fünf Holzwürmer hatten nichts anderes gemacht, als Löcher in diesen Balken zu nagen, und sie hatten sich recht gut davon ernähren können. Man kann sich aber vorstellen, dass das Leben dieser Holzwürmer nicht besonders aufregend war. Auch in geschmacklicher Hinsicht war nicht viel los; es war ja schliesslich immer derselbe Balken, in dem sie nagten. Na gut, hier und da stiess einer der Holzwürmer auf eine vertrocknete Harzader und dann gab es für kurze Zeit eine Abwechslung auf dem Speisezettel. Aber so etwas kam sehr selten vor. Eines Tages, als die fünf Holzwürmer in einer Nagepause zusammensassen, unterhielten sie sich darüber, wie die Welt wohl ausserhalb des Balkens aussehe.

«Ich weiss sogar den Weg, der aus diesem Balken herausführt!», sagte der älteste der fünf Holzwürmer. «Eine Ameise, die ich einmal in einem meiner Gänge getroffen habe, hat ihn mir genau beschrieben.»

«Ach was», sagte ein anderer Holzwurm, «meiner Ansicht nach gibt es überhaupt keine andere Welt ausser dieser. Das sind doch alles Fantastereien. Die Welt besteht nun einmal aus Holz, das ist die Realität des Lebens, mein Lieber, ob es dir nun passt oder nicht!»

Ein anderer Holzwurm sagte: «Nun, möglicherweise gibt es doch noch etwas anderes als Holz, das würde ich gar nicht bestreiten. Aber ich sage euch: Denkt ja nicht viel darüber nach! Das kann sehr gefährlich werden. Wer weiss schon wirklich, was ausserhalb des Holzes ist? Kein Wurm kann das wissen!»

Der vierte Holzwurm sagte: «Mich interessiert das überhaupt nicht. Solange ich mich jeden Tag vollfressen kann, ist doch ohnehin alles in bester Ordnung, oder?»

Der fünfte Holzwurm hatte mit grossem Interesse zugehört. Er hatte schon oft darüber nachgedacht, wie es wohl ausserhalb des Balkens aussieht. «Wer weiss?», sagte er jetzt. «Vielleicht gibt es noch andere Arten von Holz. Das könnte doch möglich sein? Vielleicht fressen wir das minderwertigste Holz, das es gibt, und wissen es nicht. Möglicherweise gibt es ganz in der Nähe süsses Holz oder weiss ich was?»

Aber die anderen Holzwürmer lachten ihn nur aus.

«So ein Spinner!», sagten sie und der älteste Holzwurm sagte spöttisch: «Wenn du so neugierig bist, schau dir doch die andere Welt an! Der Weg hinaus ist ganz einfach: Du brauchst nur immer in Richtung Süden zu nagen. Das hat mir die Ameise gesagt. Also, niemand hält dich auf!» Und die anderen Holzwürmer lachten wieder.

Der fünfte Holzwurm aber sagte: «Ihr braucht gar nicht zu lachen! Ich riskiers! Von mir aus könnt ihr hier verschimmeln!»

Und von dieser Stunde an nagte er nur noch in Richtung Süden. Er war mit grossem Eifer bei der Arbeit und in seiner Fantasie stellte er sich die neue Welt wunderbar vor. Er war überzeugt, dass am Ende seines Weges ein wahres Holzwurmparadies auf ihn warten würde.

Was der Holzwurm aber nicht wusste, war, dass ihn der älteste Holzwurm aus lauter Bosheit in die falsche Richtung geschickt hatte. Die Ameise hatte nämlich «Westen» statt «Süden» gesagt, und so nagte er in die falsche Richtung, immer dem Balken entlang. Er kam niemals aus dem Balken heraus. Nach sechs Jahren ununterbrochener Arbeit fühlte der Holzwurm, dass er sehr schwach geworden war und bald sterben würde.

Nun muss ich sterben und habe es nicht geschafft, dachte er. Bevor er die Augen schloss, sagte er noch: «Aber versucht hab ichs doch!», und er sah dabei sehr zufrieden aus.

DAS LÖWENGEBRÜLL
Jürg Schubiger

Ein Löwe, der sehr krank war, brüllte laut. Das Gebrüll drang weit in die Ferne; dabei geschah es, dass es am Rande der Ferne in einem Dornstrauch hängen blieb.

Natürlich versuchte das Gebrüll sich zu lösen, aber es verfing sich nur um so mehr. Als es dann endlich doch loskam, lief es sofort zum Löwen zurück. Da war der Löwe aber schon tot. In der Hitze roch er bereits ganz übel.

Auf seinen Rippen standen Vögel auf einem Bein, und Insekten bauten Nester in seinen Ohren. Hier muss gesagt werden, dass solche Verspätungen des Gebrülls schon früher, als der Löwe noch lebte, hie und da vorgekommen waren. Der Löwe schwieg dann eine Weile, das war alles.

Er konnte das Gebrüll nicht einmal schelten, wenn es zurückkam, denn dafür fehlte ihm ja die Stimme. Er hätte sie sich vom Gebrüll ausleihen müssen.

Was tut ein Gebrüll ohne Löwe? Auf die Dauer ging das natürlich nicht. Es brüllte vor Heimweh, doch es fand keinen einzigen Löwen, der seine Stimme gegen eine neue tauschen wollte. Jedem gefiel die eigene besser. Den Gazellen und Antilopen hätte ein Tausch viele Vorteile gebracht. Aus lauter Angst aber hörten sie nicht einmal zu. Die Vorschläge und Bitten des Gebrülls tönten zu laut.

Das Gebrüll war schon nahe daran zu verzagen, da stand plötzlich eine Maus vor ihm. Sie hatte seine Worte von Weitem gehört und hatte auch Lust auf eine andere Stimme. «Komm zu mir, Löwengebrüll», piepste die Maus, «ich mache dir Platz in meiner Kehle.» «Zu dir?», brüllte das Gebrüll.

Ohne weitere Worte jagte die Maus ihr Piepsen fort und nahm das Löwengebrüll bei sich auf. Dem ging das alles zwar etwas zu rasch, aber es sperrte sich nicht dagegen. «Besser, du wohnst eng», dachte es, «als allein.»

Als dann das Piepsen draussen fragte: «Und was soll aus mir werden?», brüllte die Maus schon: «Geh mir aus den Ohren, du kitzelst mich!»

Was tut ein Piepsen ohne Maus? Das soll hier zum Schluss noch erzählt sein. Das Piepsen zog fort, um sich eine neue Wohnung zu suchen. An einem benachbarten Hügel fand es ein sonniges Mausloch, das leer war. Hier richtete es sich ein. Es wartete auf das fürchterliche Brüllen der Maus, das jeden Abend über die Felder herüberkam. Die Erde zitterte dann, und die wurmstichigen Früchte fielen von den Bäumen. «Mein Löwe!», piepste das Piepsen. Und später schlief es ein, fast ein bisschen glücklich vor lauter Bewunderung.

43 GEISTERFAHRER
Franz Hohler

Ob man sensibler ist, wenn man im Auto sitzt?

[...]

Ein Auto ist ein Innenraum, der zu erstaunlichen Stimmungen fähig ist. Oder haben Sie noch nie erlebt, wie gut man miteinander reden kann, wenn man zu zweit in einem Auto sitzt? Vielleicht weil man sich beim Sprechen nicht in die Augen schauen muss, wie im Zug, wo man sich unerbittlich gegenübersitzt.

[...]

Aber auch wenn man allein fährt [...], werden seltene Gefühle in einem geweckt: Abenteuerlust, die heimliche Bereitschaft, Unwahrscheinliches zu erleben.

Wie anders soll man es sich erklären, dass es, seit es Autos gibt, auch Geschichten von merkwürdigen Autostoppern gibt? Sehr bekannt war lange Zeit in der ganzen Alpengegend die schwarze Frau. Das war eine Frau, die in schwarzen Kleidern an der Kurve einer Bergstrasse stand und die Hand hob. Nahm man sie mit, setzte sie sich in den Fond des Wagens und sagte nichts, und wenn man sich nach einer Weile nach ihr umdrehte, war sie verschwunden. Schlimmer war es, wenn man [...] dachte, die nehm ich nicht mit, und weiterfuhr. Dann konnte es einem passieren, dass sie nach kurzer Zeit trotzdem hinten im Wagen sass.

Kürzlich tauchte am Belchentunnel, der die Autobahn von Basel nach Süden unter dem Jura durchführt, eine weisse Frau auf, die von vielen Menschen gesehen wurde oder gesehen worden sein wollte, es wiederholten sich die Geschichten mit dem Einsteigen und plötzlichen Verschwinden.

[...]

Ob nun so etwas tatsächlich passiert oder ob es sich die Betroffenen nur einbilden, ist nebensächlich. Es wirkt jedenfalls, und wenn es nicht wahr ist, ist es doch wirklich. Deshalb habe ich auch von Anfang an nicht bezweifelt, dass an den Gerüchten über die Unfälle von Kestenholz etwas stimmen musste.

Diese Unfälle gehörten zugleich zu den schlimmsten und unerklärlichsten im Lande, denn sie ereigneten sich alle auf einem der längsten geraden Stücke unseres Autobahnnetzes, kurz nach Egerkingen, auf der Höhe von Kestenholz.

Wieso also kam es gerade dort immer wieder vor, dass Automobilisten, die sich auf der Überholspur befanden, unversehens von dieser Spur ausbrachen, entweder zurück in die rechte Spur oder in die Leitplanke des Mittelstreifens hinein? Diese Manöver endeten für den Lenker immer tödlich, und nicht nur für ihn allein, denn meistens war die rechte Spur besetzt, und es kam zu furchtbaren Zusammenstössen.

[...]

Da kein Fahrer eines Unglückswagens einen solchen Unfall überlebte, musste man immer versuchen, aus den Beobachtungen der übrigen Beteiligten ein Bild vom Hergang zu gewinnen. Aber nie war einem andern Strassenbenützer etwas aufgefallen, was eine derart panische Reaktion gerechtfertigt hätte.

Plötzlich herunterstechende Raubvögel etwa sind als Auslöser von ähnlichen Unfällen bekannt, aber niemand hatte jemals einen gesehen, auch für Hasen oder andere Kleintiere, die allenfalls in die Fahrbahn gesprungen sein könnten, fand man keinen einzigen Augenzeugen. Am besten fasste es ein Lastwagenchauffeur zusammen, der von einem Unglücksfahrer gerade überholt worden war, als dieser nach links ausscherte und sich auf der andern Seite überschlug. Der fasste also zusammen, was er als mögliches Hindernis auf der zweiten Spur gesehen habe: «Nichts. Gar, gar nichts.»

Gar nichts konnte es aber nicht sein, das die Automobilisten am helllichten Tag, meist sogar bei schönem Wetter, in derart verhängnisvolle Richtungswechsel trieb, und so kam es zu allerhand Vermutungen. Die Erdstrahlenanhänger stellten sich mit Pendeln auf dem Pannenstreifen auf, Wasserfühler und Rutengänger meldeten sich, Magnetopathen gaben ihre Theorien bekannt. Die Lösungsvorschläge reichten vom Umwickeln der Leitplankenseile mit Kupferdrähten bis zur Überdachung des ganzen Abschnittes.

Die Polizei war ratlos und unternahm nichts. Als dann aber ein Sportwagen unter die Räder eines Sattelschleppers fuhr, den er überholen wollte und dabei mitgeschleift und zerdrückt wurde, signalisierte man an dieser Stelle eine Geschwindigkeitsbeschränkung auf 100 km. Wer weiss, wie schwierig hierzulande Geschwindigkeitsbeschränkungen bei den Behörden durchzubringen sind, sieht daran, dass man die Gefahr nun ernst nahm. Woher sie aber kam, war immer noch nicht klar. In der Bevölkerung der Umgebung hörte man gelegentlich, vor allem von älteren Leuten, die Bemerkung, man hätte eben dem Roggenbauer seinen Grenzstein nicht wegnehmen dürfen. Das bezog sich auf eine alte Geschichte, die man früher in der Gegend erzählt hatte, von einem Bauern, der nach seinem Tod einen unrechtmässig versetzten Grenzstein nachts wieder an seinen Platz zurückschleppen musste. Eine Sagensammlerin machte die Polizei darauf aufmerksam.

Der Beamte, der mit dem Sammeln der Hinweise beauftragt war, legte den Zettel mit dieser Notiz seufzend zu den anderen Vermutungen. Erst beim nächsten Unfall dachte er wieder daran.

Das war nämlich der erste Unfall, bei dem es im betroffenen Fahrzeug auf der Überholspur Überlebende gab. Der Bus einer Hochzeitsgesellschaft wollte den Bus einer anderen Hochzeitsgesellschaft überholen, als er plötzlich so stark abbremste, dass er von einem hinter ihm eingespurten Möbelwagen gerammt wurde, dadurch quer auf die Bahn geworfen wurde und auch von mehreren Autos der rechten Spur getroffen wurde, die sich alle ineinander verkeilten. Es war der grösste Unfall, der je an dieser Stelle passiert war, mehr als ein Dutzend Menschen kamen ums Leben, viele wurden schwer verletzt. Der Chauffeur des Busses gehörte zu den Toten, auch die Passagiere unmittelbar hinter ihm, aber die beiden Kinder, die auf dem vordersten Sitz neben dem Chauffeur gesessen hatten, waren durch einen glücklichen Zufall unverletzt geblieben und konnten zum Hergang befragt werden. Was sie aussagten, trieb dem Untersuchungsrichter eine Gänsehaut über den Rücken. Sie sagten übereinstimmend und ohne den geringsten Zweifel, plötzlich sei vor ihnen ein grosser Wagen gefahren, ein Heuwagen, von zwei Pferden gezogen, und auf dem Wagen vorn habe ein Mann gestanden, habe seine Peitsche geschwungen und dazu lachend nach hinten geschaut. Der Chauffeur sei sofort auf die Bremse getreten. Sie seien erst wieder erwacht, als man sie aus dem Bus herausgezogen habe.

Als dies bekannt wurde, meldete sich die Sagensammlerin erneut bei der Polizeidirektion und bat, die Kinder im Beisein des Untersuchungsrichters befragen zu dürfen. Ob sie denn die Geschichte dieser Kleinen glaube, fragte sie der Polizeidirektor. Selbstverständlich, sagte die Lehrerin, sie hätte übrigens schon vor einem Jahr auf diese Möglichkeit hingewiesen. Der Polizeidirektor arrangierte einen Termin mit der Frau und den beiden Kindern, bei dem auch er und der Untersuchungsrichter zugegen waren.

Die Sagensammlerin fand sofort den richtigen Ton mit den Kindern, es waren zwei Brüder im Alter von neun und sieben Jahren, sie liess sie das Ganze nochmals erzählen, und als sie dann die beiden vorsichtig fragte, ob eigentlich auch etwas auf diesem Heuwagen gewesen sei, sagte der ältere, der Heuwagen sei leer gewesen, und er habe vor allem auf den Mann geschaut und auf seinen verrückten Blick. Der jüngere sagte nichts, aber als ihn die Lehrerin noch einmal fragte, sagte er, doch, er habe auch auf den Wagen geschaut, und auf dem Wagen sei etwas gelegen, ein Stein. Was für ein Stein? Wie ein Grabstein, sagte der jüngere. Die Lehrerin nahm nun ein Foto hervor und zeigte es dem Buben: «War es der?» – «Ja», sagte der Bub, «der war es.» Es war das Foto eines alten Grenzsteines, der auf der linken oberen Seite ein Loch hatte. Vermutet hätte sie es gleich, sagte die Sagensammlerin, dass der Roggenbauer wieder umgehe, aber jetzt wisse sie es. Diese Spukgestalt des letzten Jahrhunderts sei so lange erschienen, bis man den Stein wieder auf seinen rechten Platz gesetzt hätte, von da an sei er nicht mehr gekommen. Beim Bau der Autobahn habe dann dieser Grenzstein weichen müssen, das Historische Museum Olten habe sich dafür interessiert, dort könne man ihn besichtigen. Den genauen Ort zu bestimmen, wo der Grenzstein vor dem Strassenbau gestanden habe, überlasse sie den Ingenieuren, sie aber sei überzeugt, dass der Roggenbauer seit der Eröffnung der Autobahn versuche, den Stein wieder an seinen alten Platz zu stellen, und dass alle verunglückten Autos versucht hätten, ihm auszuweichen.

Der Polizeidirektor war etwas verlegen. «Wir werden der Sache nachgehen», sagte er schliesslich und gab dem Vermessungsamt den Auftrag, auf den Zentimeter genau den alten Standort des Grenzsteines zu lokalisieren.

Es stellte sich heraus, dass er früher exakt unter der heutigen Überholspur Richtung Bern gestanden hatte.

Der Polizeidirektor berief nun eine Sitzung mit höheren Beamten ein, zu der er auch die Sagensammlerin kommen liess.

«Wenn Ihre Annahme stimmt», sagte der Polizeidirektor, «und tatsächlich die verunglückten Automobilisten dieser Heuwagenerscheinung ausweichen wollten, dann müsste man annehmen, dass es zu weiteren Unglücken kommen wird.»

«Ganz bestimmt», sagte die Lehrerin.

«Sehen Sie eine Möglichkeit», fragte der Polizeidirektor, «wie man das verhindern kann?»

«Ja», sagte die Lehrerin, «man muss den Roggenbauern erlösen.»

Die Anwesenden wurden unruhig, der Polizeidirektor hüstelte.

«Und wie kann man ihn denn erlösen?», fragte er mit sichtlichem Ekel vor diesem Wort. Die Sagensammlerin lächelte.

«Indem man den Stein wieder dorthin stellt, wo er hingehört.»

Alle hatten das kommen sehen, trotzdem ging ein Aufstöhnen durch die versammelte Mannschaft. «Unmöglich! Irrsinn!», rief ein Bundesbeamter aus Bern, der für den Strassenverkehr zuständig war, «die Autobahn umbauen wegen eines alten Grenzsteins! In welcher Zeit leben wir denn?»

«Wenn wir aber», versuchte der Polizeidirektor einzulenken, «wenn wir aber den Stein ganz in der Nähe wieder aufstellen, zum Beispiel auf dem Mittelstreifen bei der Leitplanke, drei, vier Meter neben dem ehemaligen Standort? Glauben Sie, dass das etwas nützen würde?»

«Kaum», sagte die Sagensammlerin, «Geister nehmen es sehr genau.»

Damit war die Sitzung geschlossen.

Die Frage wurde nun in der Regierung besprochen. Man könne im technischen Zeitalter, in dem wir nun einmal leben, nicht aufgrund von Spukgeschichten, die im Übrigen nur durch Erzählungen kleiner Kinder belegt seien, überstürzte Massnahmen treffen. Eine Geschwindigkeitsbeschränkung auf 100 km sei die einzig zumutbare Einschränkung. Zugleich empfahl man den Autofahrern besondere Vorsicht auf dieser Strecke.

Erst als sich ein halbes Jahr später ein Bus mit einem Altersheimausflug bei einem brüsken Ausweichversuch überschlug und in Flammen aufging, sperrte man die Überholspur endgültig und mauerte den Stein an seiner alten Stelle ein.

Seither sind dort keine Unglücke mehr geschehen.

44 EINE GESPENSTERGESCHICHTE
Mark Twain

Ich mietete ein grosses Zimmer oben am Broadway, in einem weitläufigen, alten Haus, dessen obere Stockwerke jahrelang nicht bewohnt gewesen waren. Der Ort war lange dem Staub und den Spinnweben, der Einsamkeit und dem Schweigen überlassen worden. Es war mir, als tastete ich mich zwischen Gräbern dahin, als dringe ich in das Privatleben der Toten ein, als ich in der ersten Nacht in mein Quartier hinaufkletterte. Zum ersten Mal in meinem Leben überkam mich eine abergläubische Furcht; und als ich auf der Treppe um eine dunkle Ecke bog und das weiche Gewebe eines unsichtbaren Spinnennetzes mir ins Gesicht schwebte und sich darin festsetzte, da schauderte ich zusammen wie jemand, der einem Gespenst begegnet.

Wie froh war ich, als ich mein Zimmer erreicht hatte und dem Moder und der Finsternis die Tür vor der Nase zumachen konnte. Ein fröhliches Feuer brannte im Kamin, und ich setzte mich davor mit der behaglichen Empfindung der Erleichterung. Zwei Stunden lang sass ich dort.

[...]

Und als meine Träumerei sich zu einer immer schwermütigeren Trauer dämpfte, stimmten die heulenden Winde da draussen sich zu sanften Klagen herab, das wütende Klatschen des Regens gegen die Fensterscheibe milderte sich zu ruhigem Klopfen, und nach und nach erstarb auch der Lärm auf den Strassen, bis die eiligen Schritte des letzten verspäteten Nachzüglers in der Ferne verhallten und kein Ton mehr zu vernehmen war. Das Feuer war herabgebrannt. Ich stand auf und entkleidete mich, wobei ich auf den Zehen im Zimmer umherging und nur verstohlen tat, was ich zu tun hatte, als ob ich von schlafenden Feinden umgeben wäre, deren Schlummer zu stören verhängnisvoll werden könnte. Ich deckte mich im Bett zu und lauschte still dem Regen und dem Wind und dem leisen Knarren ferner Fensterläden, bis sie mich endlich in den Schlaf lullten. Ich schlief fest, aber wie lange, weiss ich nicht.

Urplötzlich fand ich mich wach und erfüllt von einer schaudernden Erwartung. Tiefes Schweigen ringsum. Nichts war zu vernehmen als das Klopfen meines Herzens. Da, nach einer Weile, begann die Bettdecke langsam fortzurutschen nach dem Fussende des Bettes, als ob jemand an ihr zerrte! Ich vermochte mich nicht zu rühren; ich vermochte keinen Laut hervorzubringen. Noch immer rutschte die Bettdecke sacht fort, bis meine Brust unbedeckt war. Da erfasste ich sie mit einer grossen Anstrengung und zog sie mir über den Kopf.

Ich wartete und lauschte wieder. Abermals begann das beharrliche Zerren.

[...]

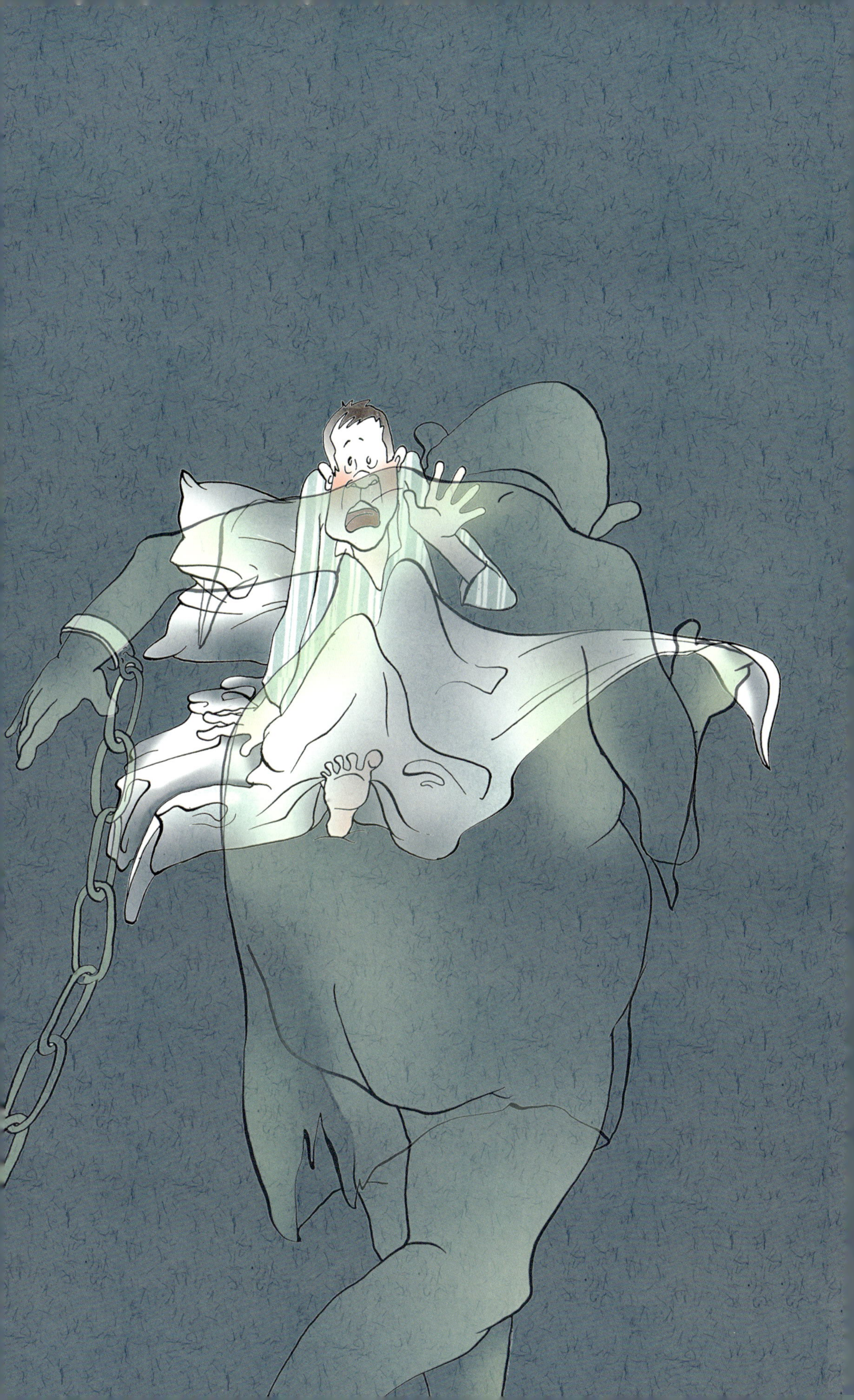

Endlich nahm ich alle meine Energie zusammen, riss die Decke an ihre Stelle zurück und hielt sie mit kräftigem Griff fest.

Ich wartete.

Allmählich fühlte ich ein schwaches Zupfen, und ich griff wieder fester zu. Das Zupfen ward kräftiger, steigerte sich zu heftigem Reissen – es wurde stärker und stärker. Ich musste die Decke loslassen, und zum dritten Mal schlüpfte sie fort. Ich stöhnte. Ein Stöhnen kam als Antwort vom Fussende des Bettes.

Dicke Schweisstropfen standen mir auf der Stirn. Ich war mehr tot als lebendig.

Da hörte ich einen schweren Tritt in meinem Zimmer – den Tritt eines Elefanten, schien es mir –, der dem eines menschlichen Wesens nicht glich. Aber er entfernte sich von mir – darin lag einiger Trost. Ich hörte ihn sich der Tür nähern – durch dieselbe hinausgehen, ohne Riegel und Schloss zu bewegen – und die finsteren, trübseligen Gänge entlang sich entfernen, wobei auf die Dielen und Balkenfugen gedrückt wurde, bis sie beim Vorübergehen knarrten –, und dann herrschte wieder tiefes Schweigen.

Als meine Aufregung sich gelegt hatte, sagte ich zu mir selbst: «Das ist ein Traum – einfach ein hässlicher Traum.»

Ich stand auf und steckte Licht an; und als ich fand, dass Schlösser und Riegel sich just in der Verfassung befanden, in der ich sie gelassen, da quoll wieder ein beruhigendes Lachen in meinem Herzen auf und kräuselte meine Lippen. Ich ergriff meine Pfeife und steckte sie an und war gerade im Begriff, mich vor das Feuer zu setzen, als – mir die Pfeife aus den kraftlosen Fingern sank, das Blut meine Wangen verliess und mein ruhiges Atemholen von einem hastigen Luftschnappen abgelöst wurde! In der Asche vor dem Kamin, Seite an Seite mit dem Abdruck meiner eigenen nackten Füsse, befand sich ein zweiter, der so ungeheuer gross war, dass im Vergleich damit der meine nur der eines Kindes war! Ich hatte also wirklich Besuch gehabt, und der Elefantentritt war erklärt.

Ich blies das Licht aus und kehrte, von Furcht wie gelähmt, ins Bett zurück. Dort lag ich lange Zeit, in die Finsternis hinausstarrend und lauschend.

Da hörte ich ein scharrendes Geräusch über mir, wie wenn ein schwerer Körper über den Boden geschleift wird; darauf das Hinabwerfen des Körpers und infolge des Falles das Erbeben meiner Fenster.

In fernen Teilen des Gebäudes hörte ich das dumpfe Zuschlagen von Türen. Ich vernahm, wie von Zeit zu Zeit Fusstritte verstohlen sich in die Gänge hinein und wieder hinaus sowie die Treppen hinauf- und hinunterschlichen. Zuweilen näherten sich diese Fusstritte meiner Tür, zauderten und entfernten sich dann wieder. Ich hörte in abgelegenen Gängen schwaches Klirren von Ketten und lauschte, während das Klirren näher kam – während es mühsam die Treppen heraufkletterte und jede Bewegung mit dem losen Kettenende bezeichnete, das mit kräftigem Rasseln auf die Stufen fiel, indes das Gespenst, das die Kette trug, sich näherte. Ich hörte gemurmelte Sätze; halb ausgestossenes Geschrei, das mit Gewalt unterdrückt zu werden schien, das Schleifen unsichtbarer Gewänder und das Rauschen unsichtbarer Flügel.

[...]

Wieder hörte ich den Elefantentritt. Ich bemerkte, wie er sich durch die muffigen Vorsäle näherte, immer mehr, immer mehr, und das Licht ward trüb und trüber. Der Tritt erreichte meine Tür und hielt inne – das Licht hat sich in ein schwächliches Blau aufgelöst. [...] Die Tür wurde nicht geöffnet, dennoch fühlte ich, wie ein schwacher Lufthauch meine Wangen fächelte, und bald darauf ward ich mir bewusst, dass ein ungeheures wolkiges Wesen sich vor mir befand. Ich beobachtete es mit meinen gleichsam in Bann gehaltenen Augen.

Ein blasses Glühen stahl sich über das Wesen; nach und nach nahmen seine wolkigen Falten Gestalt an – es erschien ein Arm, dann Beine, darauf ein Rumpf, und endlich blickte ein grosses schwermütiges Gesicht aus dem Dunst hervor. Seiner Nebelhüllen entkleidet, nackt, muskulös und wohlgestaltet erhob sich über mir der majestätische Riese Cardiff. All mein Elend verschwand – denn jedes Kind weiss, dass von diesem wohlwollenden Gesicht nichts Böses ausgehen kann. Meine heitere Laune kehrte augenblicklich zurück. [...] Ich sagte: «Wie, ist es niemand anders als du? Weisst du auch, dass ich mich während der letzten zwei, drei Stunden fast zu Tode geängstigt habe? [...] Bevor ich ihn zurückhalten konnte, hatte er sich auf das Bett gesetzt, und augenblicklich war es eine trübselige Ruine.

«Zum Teufel, bist du nicht bei Sinnen! Willst du mir denn meine sämtlichen Möbel zertrümmern? [...] Du sollst dich was schämen – du bist gross genug, um es besser zu wissen!»

[...]

«Nun, nun, ich will keine Möbel mehr zerschlagen. Aber was soll ich anfangen? Seit einem Jahrhundert habe ich keine Gelegenheit zum Sitzen gehabt.»

Und die Tränen traten ihm in die Augen.

«Armer Teufel», sagte ich, «ich hätte nicht so barsch gegen dich sein sollen. Und vermutlich bist du noch obendrein eine Waise! Aber setz dich hier auf den Boden – nichts anderes vermag dein Gewicht auszuhalten.»

Er setzte sich also auf den Boden und steckte sich eine Pfeife an, die ich ihm gab, warf sich eine meiner roten Decken über die Schultern, stülpte sich meine Badewanne nach Art eines Helmes auf den Kopf und machte es sich behaglich.

Dann kreuzte er seine Beine, während ich das Feuer schürte, und setzte die platten, honigwabenähnlichen Sohlen seiner ungeheuren Füsse der angenehmen Wärme aus.

[...]

Wir plauderten noch ein halbe Stunde miteinander, und da bemerkte ich, dass er müde aussah, und sagte es ihm.

«Müde?», antwortete er. «Nun ja, wie kanns anders sein? Und nun will ich dir alles erzählen, was damit zusammenhängt, da du mich so gut behandelt hast. Ich bin der Geist des versteinerten Mannes, der da drüben über der Strasse in dem Museum liegt. Ich bin der Geist des Riesen von Cardiff. Ich habe weder Ruhe noch Frieden, bis man diesen armen Leib wieder beerdigt hat. Was war nun das Natürlichste, was ich tun konnte, um die Menschen zu bewegen, mir diesen Wunsch zu erfüllen? Du erschrickst: an dem Ort spuken, wo der Körper lag! Und so spukte ich allnächtlich in dem Museum herum. Ich überredete sogar andere Geister, mir dabei behilflich zu sein. Aber damit war nichts erreicht, denn noch niemals ist jemand um Mitternacht ins Museum gekommen. Da hatte ich den Einfall, über die Strasse zu gehen und hier in diesem Hause ein bisschen zu spuken. Ich fühlte, dass ich Glück haben müsse, wenn ich Gehör fände, denn ich hatte die wirkungsvollste Gesellschaft bei mir, welche die Hölle nur liefern könnte. Nacht auf Nacht sind wir, vor Kälte schaudernd, durch diese modrigen Zimmer gewandert, haben Ketten geschleppt, gestöhnt, geflüstert, sind die Treppen hinauf- und hinuntergetrampelt, bis ich, offen gestanden, vor Erschöpfung ganz matt war. Aber als ich heute Nacht in deinem Zimmer Licht sah, raffte ich alle meine Kräfte noch einmal zusammen und kam mit einem Rest der alten Frische hierher. Allein bin ich ganz ermüdet – vollständig erschöpft. Gib mir, ich bitte dich dringend, gib mir einige Hoffnung!»

[...]

Ich rief aus: Das überschreitet jedes Mass – alles, was bisher vorgekommen ist! Ei, du armes, altes, herumirrendes Fossil, du hast dir ganz umsonst all die Mühe gegeben: Du hast wegen eines Gipsabgusses herumgespukt. Der wahre Riese von Cardiff befindet sich in Albany! Zum Teufel, kennst du deine eigenen Überreste nicht?»

Niemals habe ich eine Miene voll so beredter Scham, so voller bedauernswerter Demütigung gesehen, wie sie sich hier über sein ganzes Gesicht verbreitete.

Der versteinerte Mann erhob sich langsam auf seine Füsse und sagte:

«Aufrichtig, ist das wahr?»

«So wahr ich hier sitze.»

Er nahm die Pfeife aus dem Munde und legte sie auf den Kaminsims, dann stand er einen Augenblick unentschlossen – wobei er unbewusst, nur aus alter Gewohnheit, seine Hände dahin brachte, wo seine Hosentaschen hätten sein sollen, und gedankenvoll das Kinn auf die Brust sinken liess – und sprach endlich: «Nun – nie in meinem Leben kam ich mir so albern vor wie jetzt. Der versteinerte Mann hat alle Welt zum Narren gehabt, und nun endigt der gemeine Betrug damit, dass er seinen eigenen Geist zum Besten hält! Mein Sohn, wenn in deinem Herzen noch ein Funke von Mitleid ist für ein armes Gespenst, wie ich bin, so lass diesen Vorfall nicht unter die Leute kommen. Bedenke, wie dir zumute sein würde, wenn du eine so eselhafte Dummheit begangen hättest!»

Ich hörte wie er majestätisch die Treppe hinunter und hinaus auf die verlassene Strasse schritt; das Geräusch seiner Tritte ward immer schwächer und ich traurig, dass er fortgegangen war, der arme Teufel – und noch trauriger darüber, dass er meine rote Decke und meine Badewanne mitgenommen hatte.

45 DU SCHWARZ
Brösel, alias Roetger Feldmann

Turnhalle des Grauens

Richard Reich

«Neeeeiiiiiiiiiiiiiiiiiiiin!»

Das konnte doch nicht wahr sein!

Mit aller Kraft rüttelte Fausto noch einmal an der Tür.

«Das muss doch ..., das darf doch ..., das kann doch ...!»

Fausto röchelte und schnaufte schon wie eine ganze Fussballmannschaft. Kalter Schweiss und heisse Tränen liefen ihm abwechslungsweise über das Gesicht. Sein blaurotes T-Shirt, auf dem vorne in riesigen Buchstaben «Forever: FCB» und hinten in ganz kleinen Buchstaben «GC, die Scheisse vom See» stand, war schon bachnass. Und sogar die Unterhose unter den grünen Adidas-Shorts fühlte sich irgendwie feucht an.

Aber es half nichts. Die ganze Anstrengung war umsonst. Das verdammte Ding wollte sich einfach nicht bewegen. Um keinen Millimeter.

Da half kein Fluchen, da half kein Jammern. Die Eingangstür der Turnhalle war und blieb abgeschlossen. Und Fausto war und blieb eingeschlossen. Typischer Fall von: selber schuld.

Dabei konnte sich Fausto beim besten Willen nicht erklären, wie ihm das hatte passieren können. Alles war doch so gewesen wie immer.

Wie jeden Freitag hatte seine Klasse, also die 3Gc vom Schulhaus Heilighügel in Winterstadt, als letzte Stunde vor dem Wochenende Turnen gehabt: von vier bis fünf Uhr in der alten Turnhalle.

Wie jeden Freitag hatte der Lehrer seinen hundsgemeinen Parcours mit all diesen ekelhaften Turngeräten aufgebaut.

Wie jeden Freitag musste jeder Schüler, jede Schülerin an jedem Gerät eine ganz bestimmte Übung zeigen, die dann auch noch benotet wurde!

Zum Beispiel Felgaufzug mit anschliessender Bauchwelle am Reck. Oder Beinschwingen mit Seitwärtsflanke am Barren. Oder diese fiese Bauchmuskelübung an den Ringen. Und wie jeden Freitag hatte Fausto keine Lust, sich bei einer Hechtrolle über diesen Schwedenkasten alle Knochen zu brechen. Weshalb er bei der erstbesten Gelegenheit abgehauen war. Was der Lehrer natürlich wie immer nicht gemerkt hatte.

Denn erstens war die 3Gc eine wirklich grosse Klasse.

Zweitens war der Turnlehrer schon ein wenig alt und klapprig. Er wusste nie so genau, wie viel Schüler er eigentlich in der Klasse hatte. Waren es nun 30 oder 70? War der kleine Heller noch krank? Waren die Mugglers mit ihren vier Kindern schon nach Australien ausgewandert?

Keine Ahnung. Der alte Turnlehrer kannte seine Schüler kaum dem Namen nach. Er war schon froh, wenn er sich seine eigene Telefonnummer noch merken konnte.

Darum konnte sich Fausto, wenn ihm das Turnen auf die Nerven ging, eben auch problemlos im Geräteraum verstecken. Am besten zuhinterst, dort, wo nie jemand hinkam, ganz hinten, bei den schmierigen Medizinbällen und den alten, schon lange nicht mehr gebrauchten Sprungmatten.

Genau dort hatte sich Fausto eben auch an diesem Freitag wieder einmal versteckt. Hatte sicherheitshalber den Walkman mit der neuen 50Cent unter dem T-Shirt versteckt, sich auch etwas zu futtern mitgenommen, eine Cola-Flasche, und hatte es sich auf dem Mattenwagen gemütlich gemacht. Und war dann offenbar auf der Stelle eingeschlafen.

Mann, musste er gut geschlafen haben! Draussen vor den Fenstern der Turnhalle war es jetzt schon stockdunkel, sogar noch dunkler als in der Halle selber.

«Das kommt halt davon», sagte Fausto zu sich selber, «Das kommt davon, dass du daheim nie schläfst, wenn du solltest. Das kommt davon, dass du die halbe Nacht mit der Taschenlampe unter der Bettdecke «Harry Potter 4» liest. Oder dass du bis 3 Uhr wie blöd «Need for Speed

Underground 2» spielst, so lange, bis du 50 Autos zu Schrott gefahren und alle Gegner in Grund und Boden «gegamet» hast! Und dass du, wenn die Eltern endlich schlafen, in der Stube massenhaft Music-Videos reinziehst! Und dass du dann noch bis 5 Uhr auf Sat 1 oder RTL 2 irgendwelche Grusel-Filme anschaust, «Halloween 7» oder sowas.

Ja, da darfst du dich dann halt nicht wundern, lieber Fausto, wenn du am andern Tag todmüde bist in der Schule. So wahnsinnig todmüde, dass du sogar im Geräteraum hinten die Schulglocke verpennst!»

Ja, Fausto war ziemlich böse mit sich selber. Da sass er nun mausbeinallein in der Turnhalle, und zu Hause gab es jetzt natürlich sein Lieblingsessen. Wie jeden Freitagabend. Nämlich: Penne all'arrabbiata. Und zwar mit so viel scharfem Chili und so viel rotem Pfeffer, dass du pro Gabel Pasta mindestens einen Liter Cola hinterher schütten musst. Und mit so viel Knoblauch dran, dass du nachher so brutal zum Maul raus stinkst, dass sich in der Nacht todsicher kein Vampir mehr in dein Zimmer verirrt. Nicht einmal bei Vollmond.

Und heute war ja übrigens auch wirklich Vollmond. Eiskalt leuchtete dieser totenbleiche kugelrunde Kerl zwischen ein paar vorbeiziehenden Wolken zu den riesigen Fenstern der Turnhalle herein. Es war jetzt plötzlich so hell in der Halle, dass Fausto nicht einmal das Licht an der Decke anzünden musste. Was er natürlich sowieso nicht getan hätte. Schliesslich war er ja nicht lebensmüde. Fausto wusste nämlich ganz genau, was dann passieren würde.

Sobald das Neonlicht in der Turnhalle aufleuchtete, musste er höchstens bis 10 zählen, und dann würde ein guter alter Bekannter dastehen. Nämlich der Mann mit dem betongrauen Arbeitsmantel. Der Mann mit der braunen Mütze. Der Mann mit den dunklen Augen, die dich so bös anschauen konnten. Der Mann mit den spitzigen Schuhen, die dich so schmerzhaft in den Hintern treten konnten. Der Mann mit der harten Hand, die dir die Ohren zwei Meter in die Länge ziehen konnte: Herr Sutter, der Schulabwart, Faustos Spezialfreund.

Für Herrn Sutter gäbe es natürlich nichts Schöneres, als Fausto bei einer illegalen Untat zu erwischen.

Fausto konnte direkt schon hören, was ihm der Schulabwart ins Ohr flüstern würde:

«Ja, wen haben wir denn da? Ist das nicht unser Spezialfreund Fausto? Ja, was macht denn der liebe Fausto so ganz allein im grossen Schulhaus? Bist du etwa am Trainieren? Oder willst du vielleicht einen meiner teuren neuen Lederfussbälle abtransportieren? He?!

Tja, jetzt weiss ich gar nicht recht, was ich mit dir machen soll? Soll ich jetzt zuerst deinen Eltern oder deinem Lehrer telefonieren oder dich direkt bei der Polizei abliefern?»

Und dann würde ihn Herr Sutter sicher wieder in den winzigen Putzraum sperren, wo alle Übeltäter hineinkamen, die Herr Sutter bei irgendeinem Verbrechen erwischte. In diesem Loch war Fausto schon oft genug gesessen. So lange, bis er dem Sutter hoch und heilig Besserung versprach. Und das, ohne dabei rot zu werden.

Da war es besser, nicht aufzufallen. Und jetzt zuerst mal noch eine Weile einfach in der dunklen Turnhalle sitzen zu bleiben. Und möglichst scharf nachzudenken. Vielleicht fand er ja selber einen Ausweg aus seinem Gefängnis?

Fausto setzte sich am Rand der Turnhalle auf den Boden, lehnte sich an die Sprossenwand und dachte scharf nach, so scharf, wie er sonst in der Schule eigentlich nie nachdachte.

Langsam wurde es Fausto doch etwas unwohl in seiner Haut. Erstens, weil ihm trotz dem vielen scharfen Nachdenken einfach kein Ausweg aus dieser miefigen alten Turnhalle einfallen wollte. Zweitens, weil seine Klamotten immer noch feucht waren und er langsam zu frieren anfing. Drittens, weil er jetzt einfach nach Hause wollte!

Die Penne all'arrabbiata konnte er ja jetzt eh schon vergessen, und wenn nicht bald Rettung kam, würde er auch noch seine absolute Lieblingssendung verpassen, nämlich «Was guckst du?» auf Sat 1. Das war diese Comedy-Show mit Kaya, der gleichzeitig Türke, Deutscher, Araber, Russe, Serbe, Inder, Italiener, Schweizer und Grieche war.

«Was guckst du?» Die hatte Fausto, soweit er sich erinnern konnte, in seinem ganzen Leben noch nie verpasst. Weder an Ostern noch an Weihnachten. Nicht einmal, wenn ihn seine Mutter oder sein Vater mal wieder ohne Abendessen ins Bett geschickt hatten. Dann hatte Fausto die Sendung eben heimlich auf dem Video programmiert und sie irgendwann nach Mitternacht angeschaut, wenn die anderen im Bett waren. Das war sein Geheimnis. Nicht einmal seine liebe Zwillingsschwester Phista, die eine Viertelstunde älter war als Fausto und ihn deshalb die ganze Zeit wie eine Tante überwachte, nicht einmal Phista hatte etwas davon gemerkt!

«Tja, einer wie ich findet eben immer einen Ausweg», dachte Fausto. Zufrieden grinste er vor sich hin. «Und eigentlich ist es ja irgendwie cool, so allein in dieser komischen steinalten Turnhalle.»

Er stand auf und wollte eben ein wenig herumspazieren, vielleicht einen Fussball suchen oder so ... – da hörte er plötzlich ein Geräusch.

Was war das?

War da etwas zu Boden gefallen?

Wie vom Blitz getroffen, blieb Fausto mitten in der Turnhalle stehen.

Da! Da war es wieder!

Kein Zweifel: Im Geräteraum hinten bewegte sich etwas.

Fausto hielt den Atem an, doch sein Herz schlug so laut, dass man es sicher hundert Meter weit hören könnte.

Da! Schon wieder!

Es raschelte und knarrte, und jetzt ...,

jetzt ...,

jetzt ...,

jetzt ...

hörte Fausto sogar einen Schritt!

Und dann noch einen!

Und dann noch einen! ...

Kein Zweifel: da kam jemand langsam näher.

Mit weit aufgerissenen Augen starrte Fausto zum Geräteraum. Die offenstehende Schiebetür wurde vom Mond wie von einem Scheinwerfer beleuchtet. Doch dahinter war nichts als ein Loch. Ein grosses schwarzes Loch, in dem sich etwas bewegte.

Fausto wäre am liebsten im Turnhallenboden versunken. Zum Beispiel in einem dieser kleinen runden Löcher, in die man die Metall-Pfosten des Recks versenkt.

Oder sollte er die Kletterstange hochklettern? Da oben würde ihn der andere zwar sehen. Aber Fausto konnte sich wenigstens verteidigen. Wenn der andere zu ihm raufklettern wollte, konnte Fausto gegen unten schlagen, konnte treten und spucken. Wie die Ritter im Mittelalter, wenn sie ihre Burgmauern gegen feindliche Angreifer verteidigen mussten.

Oder sollte er lieber die Ringe herunterlassen, das Licht anzünden und gleichzeitig die Stereoanlage in Betrieb setzen, damit der Unbekannte im Geräteraum glaubte, da draussen sei eine ganz normale Turnstunde im Gang? Die Männerriege oder so.

Hundert Gedanken schossen Fausto gleichzeitig durch den Kopf. Er wusste, er sollte jetzt unbedingt endlich etwas tun, aber er war einfach wie gelähmt.

Und ausserdem war es jetzt auch schon zu spät.

Denn da, da waren sie wieder, diese Schritte, sie wurden immer lauter und lauter …,

und lauter …,

kamen immer näher …,

und näher …,

und näher …,

schon sah Fausto im Mondlicht eine Schuhspitze erscheinen,

dann noch eine Schuhspitze …,

zwei bleiche weisse Beine …,

einen Arm …,

einen ganzen Körper …,

den Kopf …

«Na, mein Kleiner, wie gehts uns denn?! Habe mir schon gedacht, dass das du bist, da draussen.»

Faustos Unterkiefer klappte herunter. Da stand er nun, Mund und Augen aufgerissen, Blut schwitzend wie eines der armen Opfer gestern in «Halloween 7» und kapierte die Welt nicht mehr.

Er stammelte bloss:

«Aber was?, aber was?, aber was …?»

«Was ich hier mache?», fragte die ihm nur zu bekannte Stimme höhnisch. «Na, ausgeschlafen habe ich. Es ist eben etwas spät geworden gestern Nacht. Ich musste noch einen Krimi fertig lesen. Und als endlich alle tot waren und der Mörder verhaftet, war es halt plötzlich schon Morgen und Zeit zum Aufstehen. Drum war ich dann etwas müde heute und habe mich in der Turnstunde in den Geräteraum verdrückt. Hinters grosse Trampolin. Weisst du, mein Lieber, so gute Tricks wie du habe ich schon lange drauf!»

Phista grinste ihren Bruder triumphierend an. Sie genoss diesen einzigartigen Augenblick in vollen Zügen. Denn normalerweise hätte Fausto sie in so einer peinlichen Situation ordentlich verklopft. Aber diesmal war er so verdattert, dass er immer noch keinen Ton herausbrachte.

«Nun komm schon, Brüderchen», sagte Phista, «da hinten im Geräteraum gibts ein kleines Klappfenster. Es wird Zeit, dass wir hier abhauen. Wenn ich mich nicht täusche, geht da draussen Herr Sutter über den Pausenplatz, und auch unsere lieben Eltern werden sich schon Sorgen machen. Schau nicht so blöd, Brüderchen, und beweg endlich deine kleinen dicken Fussballerwaden! In einer Viertelstunde beginnt ‹Was guckst du?›!»

Ihr und Ich

Kaspar H. Spinner

wir
wir wir
wir wir wir
wir wir
wir

IHR
IHR IHR
IHR IHR IHR
IHR IHR
IHR

WIR WIR WIR WIR WIR
WIR WIR WIR WIR WIR
WIR WIR WIR WIR WIR
WIR WIR WIR WIR WIR
WIR WIR WIR WIR WIR

er

wir   **IHR**
wir wir   **IHR IHR**
wir wir *ich*   *du*   **IHR IHR**
wir wir   **IHR IHR**
wir   **IHR**

WIR WIR WIR WIR WIR
WIR ICH WIR WIR WIR
WIR WIR WIR WIR WIR
WIR WIR WIR WIR DU
WIR WIR WIR WIR WIR

ich   *ihrihrihrihr*
       ihrihrihrihr
       ihrihrihrihr
       ihrihrihrihr

48 ZUCKERWATTENBLAU
Tania Kummer

In der Pause setzen sich Lena, Pia und Elfi auf den Brunnenrand und warten auf Olina.

Sie kaut, als sie sich zu ihnen gesellt.

«Was isst du?», fragt Lena.

«Ein Kürbisbrötchen. Von Kürbisbrötchen kriegt man Locken, wisst ihr das nicht? Wenn ich in jeder Pause Kürbisbrötchen esse, habe ich Locken, wenn ich in die Sek komme.»

Lena guckt zu Elfi, die Notizblock und Kugelschreiber aus ihrer Tasche kramt und etwas notiert.

«Was schreibst du denn da?», fragt Olina.

«Ach, ich hatte gerade eine Idee, wie ich den Aufsatz beginnen könnte und schreibe es auf, damit ich es nicht vergesse.»

«Das ist super!», ruft Olina begeistert. «Habt ihr gewusst, dass Wörter Brüder und Schwestern haben? Mit jedem Wort, das ihr aufschreibt, kommt in eurem Kopf ein neues auf die Welt! Das passiert einfach so und ihr habt immer mehr Worte, das ist ganz schön praktisch!»

Elfi nickt und schreibt weiter.

«Was habt ihr am Wochenende gemacht?», will Pia von ihren Freundinnen wissen. Lena öffnet den Mund – doch noch bevor sie etwas sagen kann, legt Olina los:

«Ich war mit meinen Eltern und meinem Bruder in Arosa, dort sind wir gewandert und haben viele Pflanzen und Tiere gesehen, eine kleine Schlange, die war ganz dick und schwarz, und eine Blume, die man nicht ausreissen darf, weil sie so selten ist. Am schönsten war aber ein Schmetterling, er heisst kleiner Fuchs und ist braun und schwarz und wenn er sich auf die Hand eines Menschen setzt wird er blau, blau wie Zuckerwatte und ...»

«Du lügst!», ruft Lena, «Zuckerwatten sind überhaupt nicht blau! Du lügst wie gedruckt!»

«Spinnst du? Ich lüge nicht! Du bist gemein!», keift Olina, sie ist beleidigt und Elfi schreibt einfach weiter, als würde sie das alles überhaupt nichts angehen.

Keine der vier sagt etwas und Pia ist die Situation extrem unangenehm, darum beginnt sie zu erzählen, dass sie mit ihren Eltern im Freibad war und Mut genug hatte, um vom Dreimeterbrett zu springen. Ihre Freundinnen gratulieren zwar, aber Pia merkt, dass die Stimmung weit unter null gesunken ist. Trotzdem erzählt sie weiter, davon, dass Renato auch im Freibad war und das kommt gut an: Elfi verdreht schwärmerisch die Augen und will etwas sagen, doch genau in dem Moment klingelt die Pausenglocke. Schweigend stehen sie auf und gehen aufs Schulhaus zu. Kurz vor der Türe räuspert sich Olina.

«Übrigens, wegen Renato», sagt sie mit gesenkter Stimme. Und die Freundinnen drängen sich sofort dicht um sie: «Er hat mir eine SMS geschickt, dass er mit mir ausgehen will.»

«Nein!», ruft Pia total entgeistert – schliesslich hat sie Renato zuerst entdeckt!

«Doch doch, hat er», sagt Olina ruhig, «aber weil ihr mir sowieso nicht glaubt, erzähle ich euch auch nicht, was ich zurückgeschrieben habe.» Sie hängt schnell ihre Jacke an die Garderobe und schlüpft vor den anderen ins Schulzimmer.

Während des Unterrichts reagiert sie nicht, als Elfi, die hinter ihr sitzt, sie mit dem Lineal in den Rücken stupst und auch als Pia ihr eine kleine Notiz, zur Kugel zusammengeknüllt, aufs Pult wirft, rührt sie sich nicht. Als die Stunde vorbei ist, steht sie sofort auf und verlässt das Zimmer. Lena tritt ans Fenster und beobachtet kurz darauf, wie Olina aufs Fahrrad steigt und davonfährt.

Sie dreht sich zu den anderen: «Was machen wir jetzt?»

Pia, die noch immer wütend ist wegen Renato, schlägt vor: «Wir gehen zu Herrn Leemann! Ich will wissen, ob Olina lügt! All das Zeug, das sie uns erzählt ... das kann doch gar nicht wahr sein! Elfi, nimm den Notizblock, komm schon!»

Lena und Elfi sind erstaunt, Pia ist sonst nicht so aufbrausend. Es bleibt ihnen gar nichts anderes übrig, als sich ihr anzuschliessen. Sie gehen über den Flur und klopfen an die Türe des Lehrerzimmers. Als ihr Klassenlehrer öffnet, legt Pia los:

«Herr Leeman, wir müssen Sie etwas Wichtiges fragen!»

Herr Leemann zögert keinen Moment: «Gut, lasst uns ins Schulzimmer gehen.»

Dort setzt er sich ans Lehrerpult und die jungen Frauen sich an ihre Plätze.

«Also, es ist so ... », fängt Lea an, aber Pia fällt ihr ins Wort: «Es geht um Olina. Sie erzählt so viel, wir wissen aber nicht, ob es stimmt. Elfi hat alles aufgeschrieben. Wir möchten nun wissen ob das [...] Elfi, gib mir den Notizblock! Wir glauben es nämlich nicht, und haben alles aufgeschrieben. Hören Sie, Olina sagt zum Beispiel, dass man jeden Tag eine halbe Stunde Sport treiben muss, damit das Herz so schnell schlägt, dass man fast nicht mehr atmen kann.

Und wenn man das nicht macht, stirbt man einen Tag nach dem 40ten Geburtstag sofort, wenn man einen Treppe hinaufsteigt! Und Olina sagt auch, dass Katzen gut sind gegen Heuschnupfen. Man muss nur einmal die Nase ins Fell einer Katze drücken und der Schnupfen ist sofort vorbei! Und Nagellack, sagt sie, frisst die Nägel auf und, Herr Leemann, wissen Sie, ob man von Kürbisbrötchen Locken kriegt und Schmetterlinge ihre Farbe verändern können, gibt es die Farbe Zuckerwattenblau?»

Während sie immer lauter geredet hat, ist Pia aufgestanden und zum Lehrerpult gegangen, sie steht vor Herrn Leemann und schaut ihn fordernd an, Lena und Elfi richten sich in ihren Stühlen auf.

Herr Leemann massiert mit dem rechten Daumen die Innenseite der linken Hand, er schaut seine Schülerinnen an und runzelt die Stirne. Es ist so still im Zimmer, dass man einen zuckerwattenblauen Schmetterling pinkeln hören könnte.

«Ich weiss es nicht», sagt Herr Leemann langsam. «Ich weiss nicht, ob Olina lügt. Ich werde eure Notizen mitnehmen und es euch morgen sagen. Ich wünsche euch einen schönen Nachmittag.»

Er steht auf und geht aus dem Zimmer. Pia ist begeistert.

«Seht ihr? So doof sind wir nicht! Er weiss auch nicht, ob es stimmt!»

Die drei gehen zu Bäcker Baumann, wo es die leckersten Soft-Ice der ganzen Stadt gibt. Olina hat behauptet, er habe das Rezept dafür von einem Inka-Indianer zugeflüstert bekommen, der danach sofort gestorben ist, und niemand ausser Bäcker Baumann würde dieses Rezept kennen.

Am nächsten Morgen fehlt Olina im Unterricht. Herr Leeman kommt ins Schulzimmer und sagt: «Olina ist krank. Sie hat gestern ein bisschen Feuer verschluckt und glüht darum heute. Sie wird wieder kommen, wenn sie abgekühlt ist.»

Niemand lacht. Alle sind damit beschäftigt, ihre Bücher und Stifte auf dem Pult auszulegen. Nur die drei Freundinnen schauen sich an. Pia zuckt die Schultern. Dann beginnt der Unterricht.

Nachdem die Pausenglocke geklingelt hat, bittet Herr Leemann Pia, Lena und Elfi im Zimmer zu bleiben. Die Klassenkameraden kichern und Renato kneift Pia in den Arm, als er an ihr vorbeigeht. Pia wird knallrot.

Herr Leemann steht auf und tritt vor sein Pult.

«Also», beginnt er, «Ich weiss nicht, ob es Schmetterlinge gibt, die ihre Farbe verändern können. Aber es gibt Tiere, die das können. Olina wird bestimmt keine Locken kriegen, auch wenn sie ihr Leben lang nichts anderes mehr isst ausser Kürbisbrötchen. Auch andere Dinge, die sie euch erzählt hat, stimmen nicht. Es gibt aber einen Grund, warum Olina lügt.»

«Und der wäre?» fragt Pia aufgeregt.

«Ich weiss es nicht», sagt Herr Leemann. «Ihr könnt das nur herausfinden, wenn ihr Olina selber fragt. Mögt ihr sie so gerne, dass ihr das tun würdet?»

Lena, Pia und Elfi schweigen.

«Denkt darüber nach» sagt er, geht aus dem Schulzimmer und zieht die Türe hinter sich zu.

49 ERLKEENIG DR
Unbekannter elsässischer Verfasser

Wär rytet so spoot par la nuit et par le vent?
Es isch dr Babbe mit sym enfant.
Er hot sy Schampedissle güet im Arm,
Er hebt en sicher und hebt en warm.

«Mon cher enfant, dü bisch so pale und so blass,
Dy joli visage isch voll angoisse!»
«Siesch nit dort dr Erlkeenig mit Schweif und mit Krone?»
«Dasch nur e Näbelstreif qui nous veut flone!»

«Mon cher enfant, kumm geh dü mit mir,
Gar scheene jeux spil isch mit dir,
Gar scheene Bliemle on trouve am Strand,
Und my Müeder hot mängg guldig vêtement.»

«Mi Babbe, mi Babbe, ne veux-tu pas lose,
Was mer dr Erlkeenig verspricht fyr chose?»
«Bisch rüehig, sois tranquille, holte Mül, mon fils!
C'est seulement le vent, mon p'tit Schampediss!»

«Mon cher enfant, kumm mit mer, waidle,
Je veux te montrer scheene Maidle,
Wo luschtig tanze, wenn andre Lyt schnorche,
Tous les dimanches z'Hynige im Storche.»

«Mi Babbe, mi Babbe, und siesch nit derte
Em Erlkeenig syni Dechtere, i düe mi ferchte!»
«Sois tranquille, bisch rüehig, i sehs jo ganz gnoi,
Es schyne die olte Wydle so groi.»

«Mon cher enfant, mi raizt ta belle figure,
Und kunsch nit, brüch i Gwolt, je t' assure!"
«Mi Babbe, mi Babbe, i ka dr nur soje,
Scho het mi dr Erlkeenig packt am Kroje.»

Dr Babbe kriegt Gänshüt. Er ritet vif,
In syne bras tüet 's Kind e Schnüf.
Er kunt zum Hof Sankt Apollinores,
In syne bras isch dr Schampedissla kapores.

DER ERLKÖNIG
Johann Wolfgang von Goethe

Wer reitet so spät durch Nacht und Wind?
Es ist der Vater mit seinem Kind;
Er hat den Knaben wohl in dem Arm,
Er fasst ihn sicher, er hält ihn warm.

«Mein Sohn, was birgst du so bang dein Gesicht?»
«Siehst, Vater, du den Erlkönig nicht?
Den Erlenkönig mit Kron' und Schweif?»
«Mein Sohn, es ist ein Nebelstreif.»

«Du liebes Kind, komm geh mit mir!
Gar schöne Spiele spiel ich mit dir;
Manch' bunte Blumen sind an dem Strand;
Meine Mutter hat manch' gülden Gewand.»

«Mein Vater, mein Vater, und hörest du nicht,
Was Erlenkönig mir leise verspricht?»
«Sei ruhig, bleibe ruhig, mein Kind!
In dürren Blättern säuselt der Wind.»

«Willst, feiner Knabe, du mit mir gehn?
Meine Töchter sollen dich warten schön;
Meine Töchter führen den nächtlichen Reihn
Und wiegen und tanzen und singen dich ein.»

«Mein Vater, mein Vater, und siehst du nicht dort
Erlkönigs Töchter am düsteren Ort?»
«Mein Sohn, mein Sohn, ich seh' es genau;
Es scheinen die alten Weiden so grau.»

«Ich liebe dich, mich reizt deine schöne Gestalt;
Und bist du nicht willig, so brauch ich Gewalt.»
«Mein Vater, mein Vater, jetzt fasst er mich an!
Erlkönig hat mir ein Leids getan!»

Dem Vater grauset's, er reitet geschwind,
Er hält in den Armen das ächzende Kind,
Erreicht den Hof mit Mühe und Not;
In seinen Armen das Kind war tot.

50 IM LAND DER ELFEN
Evelyne Runge

Es ist acht Uhr am Abend, das Wetter ist gut im Norden Islands. Der Mond scheint schon über dem Fjord Skakafjördur, als die Mutter zu ihrem Sohn sagt: «Asgeir, du musst Essen zu unseren armen Nachbarn bringen.» In Island liegen die Bauernhöfe weit auseinander. Asgeir geht los. Auf der Hälfte des Weges schlägt das Wetter plötzlich um: Es stürmt, Schneeflocken peitschen in Asgeirs Gesicht. Der Junge kommt vom Weg ab; stundenlang irrt er umher. Irgendwann will Asgeir sich nur noch in den Schnee legen. Doch dann sieht er in der Ferne ein Licht: ein Haus! Menschen kommen heraus. Sie helfen ihm ins Warme, geben ihm Essen und trockne Kleider. Am nächsten Tag ist das Wetter besser; Asgeir bedankt sich und stapft hinaus in den Schnee. Immer wieder dreht er sich um und winkt seinen Lebensrettern zu. Als er sich das fünfte Mal umdreht, sind die Menschen und das Haus spurlos verschwunden.

«Elfen haben Asgeir gerettet!», sagt Magnús Skarphédin mit einem kleinen Zwinkern. Er erforscht die Welt der Lichtgestalten seit 27 Jahren. In dieser Zeit hat Magnús über 700 Augenzeugen wie Asgeir befragt und ihre Erzählungen gesammelt. «Es gibt 13 Elfenarten. Sie sind zwischen 10 und 100 Zentimeter gross», sagt Magnús. Er selbst hat zwar noch nie eine Elfe gesehen, doch er weiss: «Sie wirken menschlich, aber sie sind keine Menschen.» Sie haben zarte Körper und leben gerne in grossen Gesellschaften zusammen. Ihre Häuser bauen sie in der Nähe von Steinen und Steilhängen: Hier fühlen sie sich sicher.

Man könnte das alles als Märchen abtun, aber damit täte man den Isländern Unrecht: Mehr als die Hälfte der 300 000 Inselbewohner glaubt an Elfen.

Vielleicht liegt das daran, dass in alten Sagen seit Urzeiten von ihnen erzählt wird. Vielleicht kommt es auch daher, dass Island selbst ein wenig verwunschen wirkt: Das Land ist leer und weit; an die Küsten der Insel donnert das wilde, kalte Meer. Alte Lavabuckel sind mit Moos überwuchert; aus Geysiren, heissen Quellen, schiessen meterhohe Fontänen. Und die Winter sind lang und dunkel.

Bei den Isländern heisst es, dass ein Teil der Elfen zum «Huldufólk» gehört, den «verborgenen Leuten». Es heisst, Huldufólk seien die ungewaschenen Kinder von Adam und Eva. Die hatten nicht alle Kinder waschen können, bevor Gott zu Besuch kam. Eva versteckte die Kleinen. Gott merkte das und sagte: «Die, die vor mir versteckt wurden, sollen versteckt sein vor allen Menschen.» Die ungewaschenen Kinder wurden unsichtbar. Sie lebten in Steinen und Hügeln. Neben den Huldufólk gibt es auch Trolle, Gnome und Zwerge. Zwischen 5 000 und 20 000 Wesen sollen heute im Verborgenen leben.

Das alles kann man bei Magnús Skarphédin lernen. Er leitet in der isländischen Hauptstadt Reykjavík die einzige Elfenschule der Welt. Im Sommer unterrichtet er Touristen, im Winter einheimische Kinder. In seinem Elfenmuseum zeigt er einen Stahltopf, den vor 20 Jahren eine Frau der verborgenen Leute einer Menschenfrau gegeben hat, einen Kerzenhalter und ein Stück eines Kopftuchs: «Dies sind Geschenke von den Huldufólk an Menschen.»

Denn manchmal bitten Elfen einen Menschen um Hilfe, um Milch oder etwas Essen. Wer ihnen hilft, bekommt etwas Gutes zurück, feinsten Elfenstoff oder einen wertvollen Gürtel. Wer aber die Verborgenen stört oder ihre Wohnungen beschädigt, wird bestraft. In alten Geschichten stirbt dann die beste Kuh oder das beste Schaf der Herde. Menschen kommen meist mit dem Leben davon, oft werden ihnen aber Arme und Beine gebrochen. «Wenn man Elfen stört, rächen sie sich», sagt Magnús von der Elfenschule.

Davon ist auch Erla Stefánsdóttir überzeugt: Sie ist die «Elfenexpertin» der Insel. Wenn irgendwo eine Strasse oder ein neues Haus gebaut wird, ruft man zuerst sie – damit ja niemand versehentlich eine Huldúfolk-Wohnung zerstört. Erla sagt, sie habe schon als Kind Elfen sehen können. «Sie tragen bunte Kleidung und sind meist rothaarig. Mit ihren wunderbaren Stimmen singen sie stundenlang», sagt sie. Erla selbst hat sogar einen Hauselfen, dem sie jedes Jahr ein Schüsselchen Brei hinstellt, damit er bei Kräften bleibt. Menschen gegenüber ist die Expertin eher scheu.

Seit 1990 zeichnet sie Landkarten, in die sie die Wohnorte der Elfen einträgt, von Lichtfeen, Zwergen, Gnomen, Engeln und Berggeistern. Auch der Elfenhügel bei Reykjavík ist kartiert: Die Strasse macht einen Knick, um die Elfen in ihrem Hügel nicht zu stören. Ebenso behutsam wurde der Elfenstein im Nordosten Reykjavíks behandelt. Der Steinbrocken sollte vor rund 60 Jahren einem Parkplatz weichen, der neben einer Hühnerfarm gebaut werden sollte. Doch noch bevor die Bauarbeiten begannen, hörten die Hühner auf, die Eier zu legen. Denn in dem Stein, so stellte man bald fest, wohnte eine Elfenfamilie! Also beschloss die Bauleitung: Der Stein bleibt. Ab diesem Zeitpunkt legten die Hühner wieder Eier.

Erla Stefánsdóttir weiss, dass manche Menschen ihre Elfengeschichten für lächerlich halten. Und dass viele sich fragen, ob sie noch ganz normal ist, wenn sie auf Baustellen herumläuft und mit Kerzen und Räucherstäbchen die Huldufólk besänftigt. Doch das ist ihr egal. «Für mich», sagt sie, «ist es Respekt vor der Natur. Wenn die Menschen die Natur und ihre Wesen nicht achten, haben sie auch keinen Respekt vor sich. Sie zerstören damit auch etwas in sich selbst.»

Borgarfjörður eystri auf Island. In diesem Hügel sollen Elfen wohnen. Gute und hilfsbereite Elfen im nördlichen Teil, böse Elfen im südlichen Teil.

51 ALS DIE WELT NOCH NICHT VORHANDEN WAR

Franz Hohler, Jürg Schubiger

Früher, als die Welt noch nicht vorhanden war, da hatte man noch Platz genug. Es gab keine Zäune, keine Mauern. Man konnte gehen, wohin man wollte. Ein Gehen war es eigentlich nicht, da ja der Boden fehlte.

Aber man konnte sich bewegen, das schon, fliegen, flattern. Man stolperte nicht ständig über Dinge, die andere herumliegen liessen, Schuhe, Schultaschen, weil es keine Dinge und keine anderen gab. Und vor allem hatte man seine Ruhe, als die Welt noch nicht vorhanden war. Niemand wollte etwas, niemand fiel einem ins Wort. Wie wenn auf einem Sender nichts läuft, wenn es bloss rauscht und schneit, so war es. Nur viel ruhiger noch, ohne das Rauschen, das Schneien.

Als die Welt noch nicht vorhanden war, brauchte man noch keine Sonnenbrille zu tragen. Es war dunkel, Tag und Nacht oder eben Nacht und Nacht. So dunkel, dass man die eigene Hand nicht vor den Augen sah. Es gab ja auch keine eigene Hand, keine Augen, niemanden, der schaut. Es gab nichts anderes als die Leere, die alles ausfüllte bis zum äussersten Rand und darüber hinaus. Und der Rand, der fehlte ja auch, damals, als die Welt noch nicht vorhanden war.

52 DAS BERMUDA-DREIECK
Sina Löschke

Vor der Ostküste der USA verschwanden im vergangenen Jahrhundert immer wieder Schiffe und Flugzeuge – angeblich spurlos. So wie jene fünf Flieger, die am 5. Dezember 1945 nicht von einer Trainingsrunde über dem Ozean zurückkehrten.

Der Suchmannschaft erging es genauso.

Was ist dort draussen geschehen? Charles Taylor will an diesem Dezembertag des Jahres 1945 nicht ins Cockpit steigen. «Kann nicht ein anderer Ausbilder die Trainingsrunde übernehmen?», fragt der Fluglehrer im amerikanischen Marinestützpunkt Fort Lauderdale in Florida seine Vorgesetzten. Taylor ist neu hier. Das Flugziel, eine Inselgruppe östlich Floridas, kennt er noch nicht. Doch die Antwort lautet: «Nein!»

Taylor fügt sich. Er bespricht mit seinem Team das Wetter, weist die 13 Männer in den Dreieckskurs ein, den sie über dem Atlantik fliegen sollen, und gibt das Startsignal. Am 5. Dezember 1945, Punkt 14.10 Uhr, heben die fünf Torpedo-Bomber ab. Alles läuft wie geplant! Ein halbe Stunde vor der Landung aber meldet Trainingsflug Nummer 19 Probleme.

Zunächst kommt Taylors Gruppe vom Kurs ab: «Wir können kein Land sehen, [...] meine beiden Kompasse sind ausgefallen», funkt der Leutnant besorgt zum Tower. In den nächsten Minuten entbrennt ein Streit zwischen dem Ausbilder und seinen jungen Piloten. Taylor behauptet, sie würden über dem Golf von Mexiko fliegen und müssten Richtung Osten, um nach Fort Lauderdale zurückzukehren. Die Schüler jedoch wollen Richtung Westen. Ihrer Meinung nach sind sie aufs offene Meer hinausgeflogen und befinden sich nun über dem Atlantik, also östlich Floridas.

Im Zickzackkurs irren die Flieger über den Ozean – bis plötzlich nur noch rätselhafte Wortfetzen den Tower erreichen. «Wir sind nicht sicher, wo Westen ist. Alles ist so anders [...] so seltsam [...] nicht einmal der Ozean sieht aus, wie er aussehen sollte [...].» Dann herrscht Stille.

Sofort schickt die Kommandozentrale ein Suchflugzeug los. Als sich das Flugboot vom Typ «Martin Mariner» jedoch dem Punkt nähert, von dem die letzten Funksignale der Bomber stammen, geschieht das Unglaubliche: Die Maschine verschwindet von einer Sekunde auf die andere vom Radar. Nicht einmal ein Notsignal kann die Besatzung noch abgeben. Ihre Spur verliert sich in dunkler Nacht – über einem Seegebiet, das zu den sagenumwobensten der Welt zählt! Sein Name: das Bermuda-Dreieck.

«Friedhof des Atlantiks» oder «Todesfalle» wird das Meeresdreieck zwischen Miami, Puerto Rico und der Spitze der Bermuda-Inseln genannt. Denn anscheinend verschlingt der Ozean hier mehr Menschen als irgendwo sonst. Mindestens 50 Schiffe und 20 Flugzeuge sind im vergangenen Jahrhundert im Bermuda-Dreieck verschollen – die meisten angeblich auf ähnlich mysteriöse Weise wie Taylors Flugstaffel.

Vom japanischen Frachter «Raifuku Maru» etwa erzählt man sich, dass die Besatzung vor dem Untergang noch

Florida

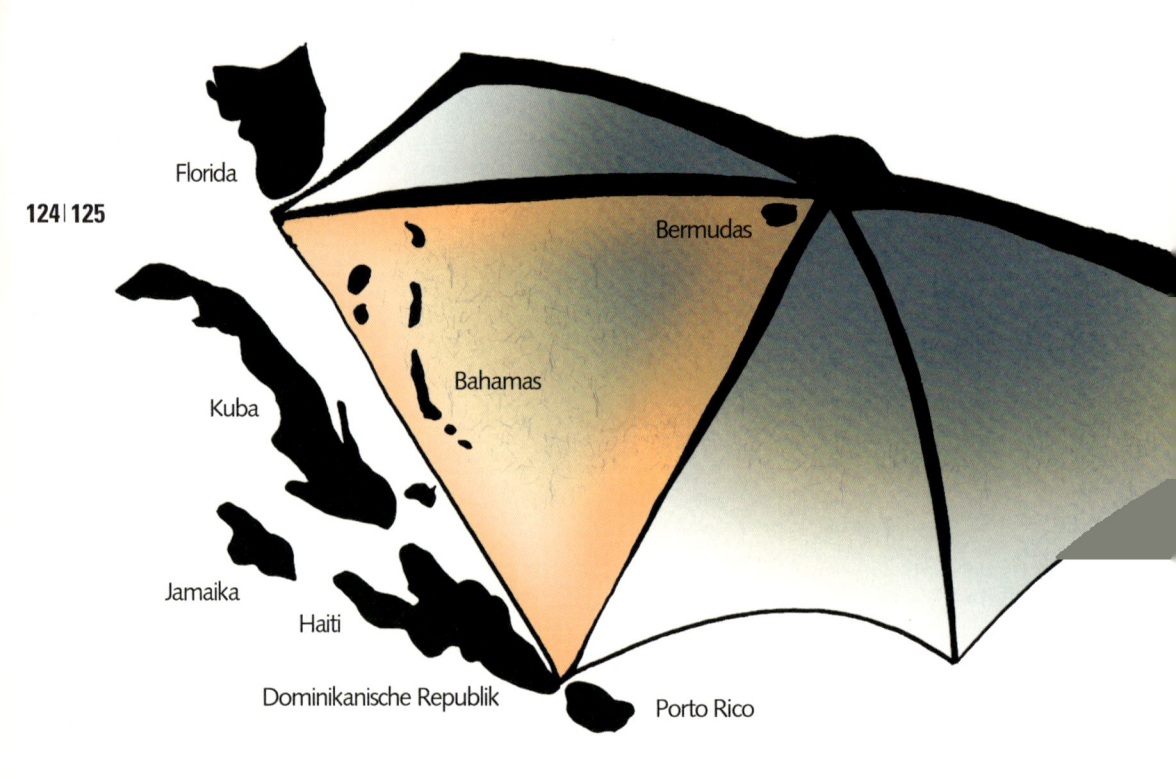

Bermudas

Bahamas

Kuba

Jamaika

Haiti

Dominikanische Republik

Porto Rico

einen Hilferuf absetzen konnte: Gefahr wie Dolch, kommt schnell, wir können nicht mehr fliehen», soll sie angeblich im April 1925 gefunkt haben. Wer oder was den Seeleuten eine solche Todesangst eingejagt hat, darüber kursieren seit 1950 die fantastischsten Ideen. Damals, knapp fünf Jahre nach dem Verschwinden der Fliegerstaffel, hatten zwei amerikanische Tageszeitungen mehrere Artikel über rätselhafte Seeunfälle im «Teufelsdreieck» gedruckt. Daraufhin brach ein wahres «Bermuda-Fieber» aus: Unzählige selbst ernannte Experten wollten herausgefunden haben, was im «Todesdreieck» wirklich geschehen war.

Viele Erklärungen klingen so, als stammten sie aus Science-Fiction-Romanen. Der US-Schriftsteller Charles Berlitz etwa behauptete, Taylor und seine Kollegen seien von Ausserirdischen entführt worden. Seine Bücher über das Bermuda-Dreieck verkauften sich über 20 Millionen Mal. Andere «Fachleute» verdächtigten Monsterkraken: Gigantische Kopffüsser sollen ihre Arme um Fischerboote und Frachter geschlungen und sie in die Tiefe gerissen haben. Eine weitere Gruppe stützt sich auf die Berichte Überlebender, wonach im Bermuda-Dreieck urplötzlich hellgrüne Nebelwolken aufziehen. Von denen soll eine solche Zauberkraft ausgehen, dass Uhren stehen bleiben, Kompasse verrückt spielen und Motoren sich selbst ausschalten.

Diese Geschichten übertrifft nur noch die sogenannte «Wurmloch-Theorie»: Demnach werden Schiffe und Flugzeuge von einem galaktischen Mega-Staubsauger ins All gesogen.

53 NACHTFLÜGEL
Kenneth Oppel

Mit begehrlichen Blicken folgte Dämmer den Flugbahnen der Vögel und bewunderte, wie ihre Flügelschläge sie mühelos in die Höhe trugen. Ein grosser Schwarm schwenkte plötzlich wie auf Kommando um und geriet ausser Sichtweite. An ihrer Stelle tauchte ein seltsamer Schatten am Himmel auf, zeichnete sich vor dem blendenden Licht der Sonne als verschwommene Kontur ab.

«Was ist das?», fragte Dämmer Sylph, worauf sie zum Himmel blickte.

Ihm kam es wie ein entwurzelter Baum vor, der liegend mit flatternden Ästen dahintrieb. Als das Objekt sich nicht mehr direkt vor der blendenden Sonne befand, war es deutlicher zu sehen, und Dämmer erkannte zu seinem Schrecken, dass es direkt auf sie zukam.

Etwas so Riesiges hatte er noch nie in der Luft gesehen.

Ein langer Kopf mit einem Kamm.

Ausgefranste Flügel von bestimmt fünfzehn Metern Spannweite.

«Das ist eine Art Vogel!», sagte Sylph mit angsterstickter Stimme.

Dämmer sah, wie sich die mächtigen Flügel bei jedem seltsam lustlos wirkenden Schlag stark durchbogen.

«Aber er hat keine Federn», murmelte er.

Die Thermik, die ihnen einen solch herrlichen Auftrieb gegeben hatte, schob sie nun unerbittlich auf dieses Wesen zu. Dämmer winkelte die Segel an und zog davon. Er rief Sylph zu, dasselbe zu machen. Befreit von der Thermik stiegen sie nun hastig ab, wobei sich Dämmer immer wieder umsah.

Das Wesen wendete torkelnd in der Luft und steuerte eindeutig auf die Lichtung zu. Kein Wunder, dass die Vögel so hektisch abgezogen waren. Ob es ihn und Sylph bemerkt hatte? Dämmer winkelte seine Segel noch schärfer an, um seinen Fall zu beschleunigen. Sylph war ihm voraus, vorbei am Revier der Vögel, vorbei am Oberen Holm.

Er hörte das Wesen mit dem Geräusch einer plötzlichen Sturmbö kommen. Wind stiess ihm gegen Schwanz und Rücken. Im Umdrehen sah er den langen Kopf, der in einen knöchrigen Kamm überging. Er sah einen langen Schnabel – oder Kiefer, da war er sich nicht ganz sicher. Der eine Flügel hing halb am Körper herab, der andere blähte sich mit einem knallenden Geräusch und seine Spitze knickte Zweige ab, als die Kreatur nun zu einem wagemutig steilen Sturzflug auf die Lichtung ansetzte. Dämmer musste die Kolonie warnen.

«Passt auf!», brüllte er, denn es jagten immer noch Hunderte von Chiroptern zwischen den Bäumen. «Macht Platz!»

Sie mussten ihn gehört haben, denn er sah, wie die Chiropter auf die Sicherheit der Mammutbaumäste zustoben. Doch er selbst wusste nicht, wohin er fliegen sollte, um zu entkommen. Die Kreatur war riesig und ihre Flügel überspannten fast die ganze Lichtung.

«Landen!», schrie er Sylph zu, die sich weit unter ihm befand.

«Wo?»

«Irgendwo!»

Sylph schwenkte nach links, landete hart auf einem Ast des Mammutbaums und kroch auf den Schutz bietenden Stamm zu.

Dämmer jagte weiter, hatte Angst, abzuschwenken, weil das Wesen nun so dicht hinter ihm war. Er raste durch das verlassene Jagdrevier und sah, wie schnell der Boden auf ihn zukam. Das Wesen müsste jetzt doch hochziehen!

Er warf einen Blick zurück und in dem Moment überholte ihn das Wesen. Seine heissen, heftigen Turbulenzen rissen Dämmer mit, sodass er sich überschlug. Der Wald wirbelte um ihn herum. Er hörte, wie die Flügel der Kreatur gegen Äste schlugen, wie Holz brach.

Dann gelang es ihm, seine Segel zu entwirren und sich auszurichten, aber er konnte sich nicht aus dem Luftsog der Kreatur reissen. Baumstämme ragten auf. Er erwartete, die Kreatur würde nun hochziehen und abdrehen, doch stattdessen stürzte sie direkt hinein in die Mammutbäume. Dämmer schaufelte mit den Segeln und bremste verzweifelt ab. Er prallte gegen den ledrigen Schwanz der Kreatur, wirbelte benommen herum und schoss durch die Zweige nach unten, schlug gegen Rinde, in die er all seine Krallen schlug, und zitterte dabei so stark, dass er sich kaum halten konnte.

Alles war still. Kein Vogel sang, kein Insekt zirpte. Der Wald hielt den Atem an.

Dämmer blickte nach oben in den Mammutbaum und sah direkt über sich die Kreatur verfangen in den Ästen hängen. Der riesige Körper völlig verkrümmt, die grossen Flügel durchbohrt und zerknittert, der lange Kopf baumelte über einen Ast herab, der scharfe Schnabel keine drei Meter über Dämmers Kopf. Er folgte den furchterregenden, knochigen Bahnen seiner Kiefer bis zu den Nasenlöchern, deren Schlitze gross genug waren, dass er hätte hineinkriechen können. In den grossen schwarzen Augen der Kreatur schien kein Leben zu leuchten.

Dämmer hatte Angst, sich zu bewegen. War das Wesen tot oder nur bewusstlos? Ein Ast brach und Dämmer zuckte zusammen. Doch die Kreatur selbst rührte sich nicht. Allein schon von ihrer Grösse war Dämmer völlig überwältigt. Sie hatte keine Federn, also konnte sie kein Vogel sein – aber ihre Kiefer sahen aus wie ein langer Schnabel. Er wusste absolut nicht, was das für ein Wesen sein mochte. [...]

Dämmer hörte, wie sein Vater ihn rief, blickte nach oben und sah ihn zusammen mit einem Dutzend anderer Chiropter nach unten gleiten. Bei ihnen waren auch die drei Ältesten und Sylph.

«Hier bin ich!», schrie er. «Hier unten!»

Er kroch auf dem Ast weiter nach aussen, damit sie ihn sehen konnten.

«Geh weg davon, Dämmer!», rief Ikaron.

«Ist schon in Ordnung. Es ist tot.»

Um ganz sicherzugehen, blickte er noch einmal zurück auf den leblosen Körper. Es hatten sich bereits Fliegen um die Augen und die Nasenlöcher niedergelassen. Das Wesen schien wirklich tot zu sein. Sein Vater und die anderen landeten vorsichtig auf dem Ast.

«Ist alles in Ordnung?», fragte sein Vater, kam schnell zu ihm und berührte ihn besorgt mit der Nase.

«Nur ein bisschen wund», sagte er und wurde sich erst jetzt bewusst, wie sehr ihn sein ganzer Körper schmerzte. Schweigend betrachteten sie alle aufmerksam die Kreatur. Dann sah sein Vater zu Barat, einem der Ältesten, und nickte.

«Was ist das?», fragte Dämmer flüsternd.

«Ein geflügelter Saurier», antwortete sein Vater.

«Ein Saurier!», stiess Dämmer hervor. Allein beim Aussprechen des Worts stellten sich ihm die Haare. «Aber [...] sie sind doch alle tot!»

Sein Vater gab keine Antwort.

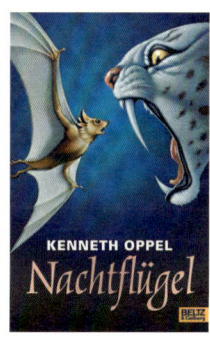

54 GWYDION
Peter Schwindt

Als die Schweine nervös wurden, schaute Gwyn besorgt zum Himmel. Im Osten zuckten Blitze auf und kündigten ein schweres Unwetter an. Er hatte gelernt, dem Instinkt der Tiere zu vertrauen. Wenn sie unruhig wurden, sah man besser zu, so schnell wie möglich nach Hause zu kommen. [...]

Als er den Hof erreichte, spürte er sofort, dass etwas nicht stimmte. Obwohl es noch immer wie aus Kübeln schüttete, blieb Gwyn stehen und lauschte. Bis auf das Rauschen des Regens war nichts zu hören. Alles war still und wirkte wie ausgestorben.

Vermutlich hatte Muriel die Schafe bereits in den Stall gebracht. Vorsichtig ging Gwyn zum Haus und stutzte. Die Läden der Fenster waren verriegelt. Für einen kurzen Moment schoss ihm durch den Kopf, nach seinem Vater zu rufen, doch etwas sagte ihm, dass dies keine gute Idee war. Seine Hand tastete nach der Schleuder, die an seinem Gürtel hing. Mit ihr hatte er schon manchen hungrigen Wolf vertrieben. Er drehte sich einmal im Kreis, sah aber kein wildes Tier, das es auf seine Schweine abgesehen hatte.

Dennoch lauerte etwas auf ihn. Etwas, was sich nicht mit einem Kieselstein in die Flucht schlagen lassen würde. Gwyn schluckte. Obwohl alles um ihn herum im Regen ertrank, war sein Mund auf einmal sehr trocken. Vorsichtig streckte er die Hand aus und öffnete die Tür.

Die Gestalt, die mit dem Rücken zu ihm stand, mochte mindestens sechseinhalb Fuss gross sein und schien irgendetwas zu essen. Der Gestank, den ihr nasser Fellmantel verströmte, drehte Gwyn den Magen um.

Das Innere des Hauses war vollkommen verwüstet. Da war kein Möbelstück, das noch ganz, keine Schüssel, die nicht zerbrochen war. Überall war nichts als Dreck und Zerstörung.

Plötzlich drehte sich die Gestalt zu ihm um.

Im ersten Moment war sich Gwyn nicht sicher, ob er tatsächlich einem menschlichen Wesen gegenüberstand. Das flammend rote Haar war ebenso verfilzt und schmutzig wie der Bart, die Augen waren mit schwarzer Farbe umrandet.

Beim Anblick des Jungen entblösste der Mann grinsend eine Reihe gelber Zähne und spuckte das Stück Fleisch aus, das er aus einem Schinken gebissen hatte. Als wollte er ein kleines Kätzchen anlocken, ging er in die Knie und streckte seine linke Hand aus, während die Rechte langsam nach dem Griff seiner zweischneidigen Axt tastete.

Wie angewurzelt blieb Gwyn schwer atmend stehen. Die Augen in diesem finsteren Gesicht schienen ihn zu hypnotisieren. Komm her zu mir, sagten sie. Es wird nicht wehtun. Ich verspreche es dir.

Plötzlich hörte Gwyn von draussen das klägliche Blöken eines Lammes. Der Bann brach und Gwyn schrie auf. Er wirbelte herum und stolperte aus dem Haus.

Jetzt sah er, warum das Schaf so gejammert hatte. Vier Männer, die mindestens genauso hässlich waren wie der rothaarige Riese, den Gwyn bei seinem Imbiss gestört hatte, trieben Muriels Tiere aus dem Stall. Als sie den Jungen sahen, griffen sie nach ihren Waffen. Eine Axt schlug neben Gwyn im Türpfosten ein, und er begann um sein Leben zu rennen.

Als er die Einfriedung des Hofes erreichte, drehte er sich um. Zwei der Kerle machten Jagd auf ihn. Sie waren grösser, schneller und kräftiger als er, und es war nur eine Frage der Zeit, bis sie ihre Beute zur Strecke bringen würden.

Gwyn lief keuchend weiter. Verzweifelt versuchte er die Panik abzuschütteln, die ihn langsam ergriff.

Der Wald! Er musste unbedingt den Wald erreichen!

Wenn es ihm gelang, rechtzeitig in das dichte Unterholz abzutauchen, würde er sie vielleicht abschütteln können.

Als er bei den Schweinen anlangte, hatte er eine Idee.

Mit lautem Geschrei trieb er sie auseinander, damit die Herde den wüst fluchenden Verfolgern den Weg versperrte. Gwyn ballte triumphierend die Faust und hetzte weiter. Als er schliesslich die ersten Bäume erreichte, hielt er auf die Brombeerhecke zu, die seine Familie vor einigen Jahren angelegt hatte und die sich ein ganzes Stück den Waldrand entlangzog. Gwyn liess sich auf die Knie fallen und krabbelte hinein.

Auf freiem Feld mochten ihm die Männer überlegen sein.

Hier jedoch war es von Vorteil, klein und beweglich zu sein. Als er auf der anderen Seite hinauskroch, gönnte er sich eine Verschnaufpause und schaute sich um. Es schien, als hätte er seine Verfolger abgeschüttelt.

Keuchend lehnte sich Gwyn an den Stamm einer Eiche und rutschte erschöpft hinab. Er wischte sich mit der Hand das Gesicht ab. Verdammt, wer waren die Kerle? Wo kamen sie her? Und was hatten sie mit seiner Familie gemacht? Ein Gefühl der Kälte machte sich auf einmal in ihm breit.

Plötzlich hörte er ein Knacken. Gwyns Herz setzte für einen Augenblick aus. Irgendjemand war auf einen morschen Ast getreten.

Vorsichtig stand er auf und spähte durch die Bäume hindurch. Da war einer von ihnen. Er musste die Hecke umgangen haben und versuchte nun, ihn von der Seite zu überraschen. Gwyn nahm die Schleuder von seinem Gürtel. Es würde nicht einfach sein, durch das dichte Gestrüpp hindurch zu treffen. Wenn er überleben wollte, musste er den Spiess umdrehen und selbst zum Jäger werden. Doch dazu musste er die Deckung verlassen.

Einen kurzen Moment sahen sich die beiden in die Augen, während Gwyn die Schleuder kreisen liess. Er wusste, dass er nur einen Versuch hatte.

Dann lief der Mann mit gezückter Axt auf ihn zu.

Gwyn liess los und der Stein schnellte davon. Als hätte man ihm die Füsse weggerissen, stürzte der Angreifer zu Boden. Er blieb reglos liegen.

Gwyn zögerte einen Moment, dann lief er zu dem leblosen Körper und untersuchte ihn. Der Mann musste einen unglaublichen Dickschädel haben, denn er atmete noch. Gwyn überlegte kurz, ob er die Axt an sich nehmen sollte, doch sie war zu schwer für ihn und so versteckte er sie unter einem Laubhaufen. Doch was sollte er jetzt mit dem bewusstlosen Kerl anfangen? Er konnte ihn nicht einfach so liegen lassen. Gwyn löste die Lederriemen, mit denen der Mann seine Stiefel festgezurrt hatte, und band ihm die Hände auf den Rücken. Dann warf er das Schuhwerk in hohem Bogen in die Büsche. Das musste reichen.

Stimmen drangen aus dem Dickicht zu ihm. Offensichtlich waren die Männer, die den Hof überfallen hatten, nicht allein. Bei dem Gedanken, dass eine ganze Armee dieser Unholde den Landstrich verwüstete, wurde Gwyn schlecht. Ein schriller Schrei ertönte und es lief Gwyn eiskalt den Rücken hinunter.

«Muriel», flüsterte er.

Ohne weiter nachzudenken lief Gwyn in die Richtung, aus der der Schrei seiner Schwester gekommen war. Dann sah er sie. Zwei Männer hatten sie zu Boden geworfen und hielten sie fest.

«Lasst sie sofort los!», brüllte Gwyn.

Die beiden Männer schauten überrascht auf.

«Gwyn!», rief Muriel. «Verschwinde von hier! Bring dich in Sicherheit!»

Der Mann, der die Füsse des schmächtigen Mädchens umklammert hatte, stand auf und zückte sein Schwert. Da trat Muriel mit aller Kraft zu. Mit einem gurgelnden Stöhnen klappte der Kerl zusammen und wälzte sich gekrümmt vor Schmerzen im Laub.

Bevor Gwyn reagieren konnte, hörte er das Getrappel von Hufen. Ein weisses Pferd preschte durch das Dickicht und stiess den verbliebenen Angreifer um.

Der Reiter kletterte steif aus dem Sattel und zückte sein Schwert. Gwyn hatte noch nie solch eine Gestalt gesehen. Der alte Mann mit dem grauen Bart musste ein Ritter sein, wenn auch seine Kleidung in einem ebenso erbärmlichen Zustand wie ihr Träger war. Einzig die Klinge des Schwertes schien von innen heraus zu leuchten.

Der hünenhafte Krieger war sofort wieder auf den Beinen und grinste hämisch, als er seinen Gegner sah. Er rief ihm etwas in einer fremden Sprache zu und lachte und brüllte, als hätte er einen guten Witz gemacht. Er fand wohl, dass der alte Ritter kein Gegner für ihn war, und auch Gwyn musste zugeben, dass das Kräfteverhältnis zwischen den beiden ziemlich unausgewogen aussah.

Doch der alte Mann liess sich nicht beirren. Mit einer schnellen Bewegung, die man ihm gar nicht zugetraut hätte, griff er an. Der Barbar sprang überrascht zurück und parierte den Hieb im letzten Moment mit seinem Schwert. Dann schlug er zurück. Was dem alten Mann an Kraft fehlte, machte er durch Technik wett. Er wich immer wieder geschickt aus, als ahnte er jeden Schlag des anderen im Voraus. Als er seinen Gegner schliesslich am linken Arm verletzte, konnte er sich ein Grinsen nicht verkneifen, was den bärtigen Unhold nur noch rasender machte. In wilder Wut drosch er auf den Ritter ein, der nun doch vor der schieren Kraft seines Angreifers zurückweichen musste, wobei er den Baumstamm übersah, der hinter ihm auf dem Boden lag.

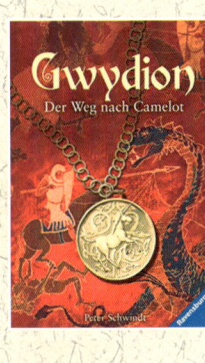

Gwyn wollte einen Warnruf ausstossen, doch es war zu spät. Mit einem überraschten Aufschrei stolperte der Ritter und stürzte rücklings zu Boden. Der Barbar stellte sich über ihn und holte zum tödlichen Schlag aus, als ihn der Stein an der Stirn traf und er zu Boden fiel.

55 WERDE ICH
Michèle Lemieux

Werde ich vielleicht
eines Tages einmal ein richtiger Held sein?
Und steht mein Name
dann fett gedruckt
im Lexikon?

57 STRENG GEHEIM
Nikolaus Nützel

Wer vor gut hundert Jahren durch Tecklenburg in Nordrhein-Westfalen in Deutschland (siehe Karte) reiste und manchen Kaufleuten bei ihren Gesprächen lauschte, der konnte das Gefühl bekommen, er befinde sich in einem fremden Land. In einem sehr fremden Land. Denn viele Wörter, die dort zu hören waren, gab es in keiner anderen Sprache Europas, sogar in keiner anderen Sprache der Welt.

Da hätte man vielleicht folgende Erzählung hören können: «Neulich ging ein Märtenquasser zum Tispelhutsch, um etwas zu pojen. Bald war er so krepp, dass er vom Pradde fiel. Der Märtenquasser disste zum Mulschfeiler. Er dachte, er wäre bald moll. Doch der Mulschfailer quässte nur, er solle sich in die Pjölte legen und erst einmal faiken.»

Man muss schon ein paar Wörter der Geheimsprache «Humpisch» beherrschen, um die Erzählung ganz zu verstehen: «Neulich ging ein Lehrer zum Wirt, um etwas zu trinken. Bald war er so besoffen, dass er vom Stuhl fiel. Der Lehrer lief zum Arzt. Er dachte, er wäre bald tot. Doch der Arzt sagte nur, er solle sich ins Bett legen und erst einmal schlafen.»

Humpisch ist eine typische Geheimsprache.

Nicht einmal, woher sie kommt, weiss man genau.

Offenbar haben schon vor einigen Jahrhunderten Kaufleute aus Nordrhein-Westfalen angefangen, gemeinsam neue Wörter zu erfinden oder aus anderen Sprachen zu entlehnen.

Die Kuh ist eine Gleistrampel

Auf Zahlen zwischen 50 und 100 kommen Fachleute, wenn sie die Geheimsprachen innerhalb Deutschlands aufzählen. Vor allem zwischen Mittelalter und 19. Jahrhundert gab es in manchen Gegenden ganze Stadtviertel und Dörfer, deren Bewohner sich durch ihre eigene Sprache von Aussenstehenden abschotteten. Die Namen der Geheimsprachen klingen ebenso exotisch wie die Wörter dieser Sprachen.

Humpisch im Münsterland (Nordrhein-Westfalen), Masematte in der Stadt Münster (Nordrhein-Westfalen) selbst, Manisch rund um Giessen (Hessen), Lachoudisch im fränkischen Schopfloch (Bayern), Jenisch im ebenfalls fränkischen Schillingsfürst (Bayern).

Daneben gab es im ganzen deutschen Sprachraum das sogenannte Rotwelsch – eine Geheimsprache, die öfter auch als Gaunersprache bezeichnet wird, weil es vielfach Diebe, Räuber und Wegelagerer waren, die Rotwelsch benutzten.

Drei Techniken haben Schöpfer der Geheimsprachen angewendet, um ihre Verständigungsformen zu basteln:
- Sie haben sich völlig neue Wörter ausgedacht.
- Sie haben Wörter anderer Sprachen übernommen und verfremdet.
- Sie haben «normale» deutsche Wörter durch bestimmte Codes unkenntlich gemacht.
- Sie haben Wörter zusammengesetzt.

Auf Humpisch heisst Bente so viel wie «Tisch». Failen heisst so viel wie «bearbeiten». Der Bentenfailer ist folglich der Tischler. Das Wort mulsch steht für «krank», der Mulschfailer ist logischerweise der Arzt. Hübsch ist auch eine Wortgruppe aus dem Schillingsfürster Jenisch: Gleis steht für «Milch»; Gleistrampel heisst Kuh.

Kleine Wortliste aus verschiedenen Geheimsprachen

Hochdeutsch	Humpisch, Münsterland (Nordrhein-Westfalen)	Jenisch, Schillingsfürst (Bayern)	Masematte, Münster (Nordrhein-Westfalen)
arbeiten	brügeln	schinageln	malochen
Arzt	Mulschfailer	Pegerer	Schmarrer
Bett	Piölte	Sänft	Firche
essen	butten	buttern	spachteln
Frau	Mussken	Tschai	Ische
Haus	Kasse	Kanti	Beis
Hose	Schmerse	Buxe	Bosse
Hund	Kluns	Kelof	Keilof
Hut	Tümes	Adich	Dohling
Kartoffeln	Hussekes	Schundbolln	Matrelen
Katze	Mauke	Schmali	Matschka
kaufen	soimen	paschen	bicken
Kind	Fanke	Schrapp	Koten
Kirche	Sankse	Duft	Murmelschuppen
Kuh	Draikop	Gleistrampel	Pore
Mädchen	Grüse	Mäschli	Maite
Mund	Gäppert	Butschnabel	Gosche
Nase	Snüwert	Muffer	Zinken
Polizist	Stübber	Schucker	Greifer
schlafen	faiken	dorme	firchen
trinken	pojen	schwächen	picheln
Uhr	Bimse	Noberi	Kabane
Wirtshaus	Tispe	Koberi	Pichelbeis

Diepiesepen Sapatz verperstehpeht keipeineper

Wer nicht von allen verstanden werden möchte, kann auch andere Wege gehen: Er kann seine alltägliche Muttersprache verändern. Der barocke Sprachgelehrte Justus Georg Schottelius machte schon 1663 den Vorschlag, man könnte Silben ausdehnen und dabei stets zum Beispiel den Buchstaben «p» einbauen.

Aus der Wortfolge «Diesen Satz versteht keiner» wird dann Folgendes: «Diepiesepen Sapatz verperstehpeht keipeineper.» Wenn man das Ganze mit einer etwas unüblichen Betonung ausspricht – zum Beispiel jeweils auf der zweiten Silbe –, ist der Satz tatsächlich erst einmal schwer verständlich. Ausser für die natürlich, die es geübt haben, eine solche «P-Sprache» zu verstehen.

Das Cäsar-Alphabet

Den berühmtesten Geheimschlüssel hat ein legendärer Feldherr und Staatsmann schon vor gut 2000 Jahren eingesetzt. Wenn der römische Herrscher Julius Cäsar Botschaften verschickte, war beispielsweise so etwas zu lesen (hier folgt das Beispiel nicht auf Latein, sondern in deutscher Übersetzung selbstverständlich):

> GLHVHQ   VDWC   YHUVWHKW   NHLQHU

Das liest sich erst einmal rätselhaft. Doch für einen Geheimschriftenexperten, einen Kryptologen, ist diese auf den ersten Blick sinnlose Buchstabenfolge leicht zu entziffern. Denn sie ist im sogenannten «Cäsar-Alphabet» geschrieben. Und das ist nichts anderes als das normale Alphabet, allerdings um ein paar Stellen nach rechts verrückt. So wird aus einem A ein D, aus einem B ein E und so weiter:

A	B	C	D	E	F	G	H	I	J	K	L	M	N	O	P	Q	R	S	T	U	V	W	X	Y	Z
D	E	F	G	H	I	J	K	L	M	N	O	P	Q	R	S	T	U	V	W	X	Y	Z	A	B	C

Wer den Verdacht hat, dass eine Nachricht im Cäsar-Code verschlüsselt ist, kann eine solche Geheimbotschaft relativ leicht knacken. Er muss nur herausfinden, um wie viele Stellen das Geheimalphabet im Vergleich zum normalen Alphabet versetzt ist. Das lässt sich, wenn man sich ein wenig Zeit nimmt, durch einfaches Ausprobieren feststellen.

Denn es gibt nur so viele Möglichkeiten, wie das Alphabet Buchstaben hat, nämlich 26.

Wem Ausprobieren zu langweilig ist, der kann auch die Statistik zu Hilfe nehmen. Denn in jeder Sprache der Welt sind die verschiedenen Buchstaben sehr ungleich verteilt. Im Deutschen beispielsweise kommt der Buchstabe «E» mit Abstand am häufigsten vor, gefolgt vom «N».

Bei «GLHVHQ VDWC YHUVWHKW NHLQHU» stellt man fest, dass das «H» sechsmal vorkommt – und damit unschlagbar der häufigste Buchstabe ist. Daraus lässt sich schliessen, dass das Cäsar-Alphabet so verschoben ist, dass ein «E» einem «H» entspricht – und schon ist der geheime Text geknackt.

Lange Zeit wurden mechanische Chiffriermaschinen verwendet, um Text zu verschlüsseln. Heute übernehmen Computer diese Aufgabe.

58 WENN ICH TRAURIG BIN
Michèle Lemieux

Wenn ich traurig bin, habe ich ein Gefühl als wäre ich voller Wasser.

Und das Wasser steigt und steigt bis unter die Haarwurzeln.

59 FAST EIN JAHR

Februar

Im Februar hab ich sie gefunden
und an einen Faden gebunden,
ich hängte sie ins Haus
da war es aus.
Kerstin Becker

April

Im April gehts drüber und drunter,
mal bin ich müde mal munter,
mal bin ich in Eddi verknallt,
mal küss ich Freddi im Wald.
Kerstin Becker

Mai

Im Mai im Mai
schnappt der Papagei
die besten Wörter auf
ja, das hat er drauf
Lea Kalt, 10 Jahre

Juli

Der Juli
lässt alles spriessen,
aber nur
wenn wirs giessen.
Schrebergärtner-Regel

Sommerferien, doch es regnet ohne Pause
Man langweilt sich und bleibt betrübt zu Hause
– Und plötzlich hat man richtig Lust
Auf Schulbeginn Mitte August!
Simon Chen

August

September

Der alten Weiber später Sommer
kommt meist ohne Blitz und Donner
herbstlich, doch noch schön und warm
September, den nehm ich in den Arm
Lea Kalt, 10 Jahre

Oktober

Oma sitzt auf Opas Knien
im Oktober am Kamin,
leise knacken ihre Glieder
und sie summen Liebeslieder.
Kerstin Becker

November

Im November ist es kalt und grau
und wir schlachten unsere Sau
die Sau, die gibt nen fetten Braten,
den verspeisen wir im Wintergarten.
Lea Kalt, 10 Jahre

Radu

UND DER MANN, DER REDEN WOLLTE

Catalin Dorian Florescu

[...]

Vor dem Haus wartet schon Liviu. Auch er hat zwei Lumpen und eine Flasche bei sich. Radu und Liviu grüssen sich knapp, schubsen sich gegenseitig und ziehen sich an den Kleidern. Die beiden sind gute Freunde. Radu und Liviu ärgern die Fussgänger und die Ladenbesitzer und jagen die streunenden Hunde umher. Denn in diesem Land haben sich die herrenlosen Hunde wie Pilze vermehrt. Sie leben in Rudeln, und jedes Rudel besitzt sein Revier. Die beiden Jungen kennen jeden Hund, und jeder Hund kennt sie. Deshalb weichen ihnen die Hunde aus, denn sie erinnern sich an die Schuhspitzen in ihren Mägen.

Vor der Schule bleiben Radu und Liviu länger stehen. Sie hänseln die Schüler, lachen sie aus und machen nach, wie diese laufen und reden. Das Mädchen mit den Zöpfen geht wie eine Ente auf dem Weg vom Teich nach Hause. Der dürre blonde Junge drückt die Schultasche fest an die Brust und stolpert über die Türschwelle. Ein anderer Schüler wartet jeden Morgen auf ein kleines, mageres Mädchen. Bis sie kommt, läuft er unruhig hin und her. Aber wenn sie an ihm vorbeigeht, spricht er sie nicht an.

Dann gibt es noch die Lehrer. Einer von ihnen fletscht die Zähne wie ein Wolf, ein anderer lacht wie eine Hyäne. Radu und Liviu haben so viel zu sehen und zu lachen, dass sie beinahe vergessen, weshalb sie unterwegs sind.

Im Stadtzentrum geben sich Radu und Liviu die Hand, und jeder von ihnen geht auf eine Strassenseite. Dort stehen bereits andere Kinder. Den Jüngsten klebt der Rotz an der Nase. Viele haben Löcher und Risse in den Kleidern, weil es niemanden gibt, der ihre Kleider zustopft oder neue kauft. Manche sind so dünn, als ob in den Hosenbeinen nichts wäre. Andere blass, weil sie bestimmt kaum gesundes Essen kriegen. Gemüse und Obst kriegen sie nur, wenn sie es vom Markt stehlen.

Vali, das einzige Mädchen unter ihnen, hat ein hübsches Gesicht, doch sie wirkt, als ob sie bereits schon sehr alt sei. Dabei ist sie erst zwölf und kriegt am meisten Geld von allen, aber das nützt ihr nicht viel, denn es wird ihr von den älteren Jungen gleich wieder abgenommen. Nachdem sie die Windschutzscheiben geputzt hat, geht sie an den Strassenrand, setzt sich hin und schweigt.

Radu ist bereit, auf die wartenden Wagen zuzulaufen, sobald die Ampel auf Rot wechselt. Einige Jungen hängen herum und spielen bis zum letzten Moment. Andere nehmen es sehr ernst. Sie wissen, dass sie gut sein müssen, und dass das Geld am Abend stimmen muss. Radu zum Beispiel ist so schnell, dass er in der kurzen Zeit die vordere Windschutzscheibe und die Hälfte der hinteren putzen kann. Andere schaffen gar zwei Autos. Die Kleinen betteln vor allem. Aber betteln tun sowieso alle.

Kaum hat ein Auto angehalten, wollen die einen waschen und die anderen sich etwas erbetteln. Manchmal kommen sie sich so sehr in die Quere, dass die Fahrer sie alle wegschicken. Normalerweise gehen die Kinder an die Fenster, zu zweit, zu dritt und machen das traurige Gesicht, das ihnen ihre Eltern beigebracht haben. «Haben Sie Geld? Ein paar Münzen?», fragen sie. «Haben Sie Kaugummi? Musikkassetten?» Oder ganz einfach: «Geben Sie mir was.» Je kleiner die Kinder sind, je mehr die Kleider an ihnen hängen, desto häufiger kriegen sie etwas. Auch Radu bettelt, vor allem an Regentagen, wenn es nichts zu putzen gibt. Er schaut zuerst auf die Kleider und die Schuhe der Leute, um sich sein Betteln nicht mit den armen Leuten zu vergeuden.

Radu kennt alle Gesichter, die man machen muss, damit die Leute etwas geben. Sein Vater hat es ihm gezeigt, im Wohnzimmer neben dem Fernseher, während auf RTL die Sendung «Wer wird Millionär?» zu sehen war. «Wenn du es gut lernst, musst du dich nicht so anstrengen wie die im Fernsehen», hat der Vater gesagt. Dann hat er Radus Gesicht in die Hände genommen und die Lippen und die Augen so geformt, dass einem die Tränen vor Mitleid gekommen wären, wenn man ihn gesehen hätte. Mundwinkel runter, dünne Lippen machen, Augenbrauen hoch, ein bisschen Schmutz auf den Wangen. Sein Vater und seine Mutter haben sich aber vor Lachen auf die Bäuche geschlagen. Radu hat dann jeden Abend, wenn die Freunde seines Vaters nicht da waren, mit ihm geübt.

Es ist bereits Mittagszeit und das Geschäft läuft gut. Oft geben die Fahrer nichts, sondern schimpfen und drohen. Sie haben für die Kinder so viele Flüche wie der Vater für Radu. Manchmal haben sie auch Gründe dafür, denn die Kinder kümmern sich nicht darum, ob jemand wirklich die Fensterscheiben geputzt haben will oder nicht. Manchmal sind sie frech, kleben mit der Nase und den Backen an den Fenstern und zeigen die Zunge. Weil die Erwachsenen vergessen, wie sie selbst einmal waren, ärgern sie sich. Manchmal springen die Kinder sogar vors Auto und rennen leichtsinnig auf die Strasse, weil jeder als Erster anfangen will.

Es ist nicht einfach, das zu tun, was die Kinder tun: Die Autos und die Ampel im Auge zu behalten, schnell und gründlich zu putzen, das Geld einzusammeln und rechtzeitig zur Seite zu springen. Die kleinsten haben es am schwersten, weil die Fahrer sie leicht übersehen. Cosma, der sieben Jahre alt ist, und der wie Radus Vater alle Flüche der Welt kennt, verflucht die Autofahrer, wenn sie nichts geben. Meistens geben dann auch die Geizigsten etwas. Keiner will von einem Zigeunerfluch getroffen werden. Denn Zigeunerflüche halten lange.

Vor zwei Monaten aber hat Cosma kein Glück gehabt. Ein Fahrer hat ihn übersehen und ist weitergefahren, obwohl er Cosmas Bein unter dem Rad gespürt haben muss. Er hat nicht einmal angehalten, als andere Kinder rufend hinter dem Auto hergelaufen sind. Cosma war nur für kurze Zeit im Krankenhaus, seine Eltern hatten kein Geld für die Behandlung. Sie versuchten es mit Zigeunerzauberei, aber es klappte nicht. «Cosmas Bein wird nicht mehr richtig wachsen», sagte der Arzt.

Heute geben die Fahrer mehr als gewöhnlich, vielleicht weil sie mehr Mitleid haben mit den Kindern. Es ist kalt, und es hat geregnet. Die Nasen und die Wangen der Kinder sind rot und die Finger steif. Viele tragen nur eine weite Trainerhose und einen dünnen, zerfransten Pullover.

Kurz nach ein Uhr kriegen die Kinder immer Hunger. Dann ist die Kreuzung für kurze Zeit wie leergefegt, denn die Kinder suchen etwas zu essen. Die ältere Kioskfrau gibt ihnen etwas, weil Gott nicht zulassen dürfe, dass Kinder hungern. Die Verkäuferinnen der Bäckerei geben lieber von sich aus Kuchen, Gebäck und Hörnchen, als dass sie ständig aufpassen müssen. Heute schlingen Liviu und Radu das Essen hinunter und gehen schnell zurück zu ihren Plätzen. Sie wissen, dass um diese Zeit, wenn alle weg sind, sich mehr Geld verdienen lässt. Radu muss einholen, was er am Morgen durch seine Verspätung verpasst hat.

Radu sucht sich vor allem ausländische Automarken aus, denn dort ist mehr Geld zu holen als bei den einheimischen. In Radus Land träumt jeder von einem Audi, Opel oder Toyota. Das dritte Auto in der Kolonne ist ausländisch. Das Gesicht des Manns am Steuerrad erscheint freundlich, also geht Radu auf den Wagen zu. In anderthalb Minuten muss er fertig sein, damit die Zeit reicht fürs Geldeinsammeln.

Während er putzt, schaut Radu sich die Menschen in den Wagen nie an. Dafür ist die Zeit zu knapp. Oft schaut er sie auch beim Kassieren nicht an, sondern überlegt schon, ob die Zeit noch für einen zweiten Wagen reicht.

Oft schauen auch die Erwachsenen ihn nicht an. Sie sprechen weiter mit dem Beifahrer, während sie in den Taschen nach Münzen suchen. Wenn sie welche finden, geben sie den Kindern die kleinsten durch das Fenster. Manchmal wirkt es, als ob sie es gar niemandem gäben, sondern es einfach auf die Strasse fallen liessen. Wenn sie nichts geben wollen, tun sie so, als ob sie blind wären. Oder taub, wenn die Kinder an die Scheiben klopfen. Sie starren geradeaus auf die Ampel.

Der nette Mann im Auto schaut Radu aber genau an, als ob er ihn kennen würde.

[...]

«Wie viel gibst du?» fragt er den Mann. Er sieht sofort die Geldbörse des Fremden auf dem Beifahrersitz.

[...]

Radu wird unruhig, in wenigen Sekunden wechselt die Ampel auf Grün, und er muss auf die Seite springen.

«Gib das Geld her», denkt er. «Sonst [...]»

Radu starrt den Geldbeutel neben dem Fremden an und rechnet sich aus, welche Chancen er hat, davonzukommen. Der Mann am Steuer ist noch nicht alt und bestimmt gut zu Fuss. Aber erst muss er das Auto parken, denn auf der Fahrbahn kann er es nicht stehen lassen. Bis dann wäre Radu über alle Berge. «Selber schuld, wenn er nichts gibt», denkt er noch, danach ergreift er blitzschnell die Geldbörse. Der Mann jedoch ist genauso schnell wie er und hält ihn am Handgelenk fest.

Er zieht und stemmt sich gegen das Auto, um sich zu befreien. Er ächzt, schreit und beisst dem Mann in die Hand. Der lässt Radus Handgelenk los, Radu verliert das Gleichgewicht, fällt auf das Pflaster und hört das Kreischen einer Bremse ganz nah neben sich. Dann einen Fluch. Das vordere Rad ist nur wenige Zentimeter von seinem Bein entfernt zum Stillstand gekommen. Um ein Haar wäre es ihm wie Cosma ergangen. Und seine Eltern kannten nicht einmal die Zigeunerzauberei.

Radu hört, wie der Fremde aus seinem Wagen steigt und um das Auto geht. Er springt auf, hebt die Geldbörse vom Boden und läuft davon, so schnell er kann. Aus dem Augenwinkel sieht er, dass Liviu ihm folgt. Hinter der Bäckerei wartet Liviu auf ihn. Radu keucht und muss verschnaufen. Liviu sagt: «Du kannst dich heute nicht mehr zeigen. Treffen wir uns um sechs vor der Schule.» Radu stimmt zu.

Radu sieht im Geldbeutel viel Geld und Ausweise. Auf den Ausweisen sind Foto, Name und Adresse des Fremden. Er gibt alles Liviu, denn es ist wichtig, dass er nichts bei sich hat, falls man ihn erwischt. Radu steckt die Hände tief in die Hosentaschen und ist zufrieden. Er will diesmal das ganze Geld für sich behalten. «Für etwas Grösseres», denkt er. Ein Fussball in ein paar Tagen, ein Kassettenrekorder in ein paar Monaten oder mit ein bisschen Glück ein Motorrad in ein paar Jahren. Mit ein bisschen Glück soll heissen, wenn die Ratten das Geld in seinem Versteck nicht finden und fressen. Oder andere Kinder es entdecken. Oder die Polizei ihn erwischt.

Radu geht durch die Stadt und lacht innerlich über die Kinder in der Schule, denen der Hintern vom Ruhigsitzen brennt. Er schaut die Schaufenster an, sucht sich schon einen Fussball aus oder einen Kassettenrekorder. Im Park wirft er mit Dreck und Steinen nach streunenden Hunden. Er pfeift Lieder von den fremdländischen Fernsehsendern, die tagein, tagaus nur Musikvideos ausstrahlen. Sein Vater hat gesagt: «Die in Deutschland oder Italien gewinnen dauernd Geld beim «Wer wird Millionär?» und hören stundenlang Musik. Machen müssen sie nicht mehr viel. Die müssten wir ausnehmen. Das wären Geschäfte.»

In diesem Augenblick würde Radu bestimmt sagen, dass das Leben ganz in Ordnung ist. Er hat einen guten Freund, Geld und zu Hause Satellitenfernsehen. Und er muss nicht in die Schule. Doch vor lauter Glück übersieht Radu, dass er verfolgt wird. Der Fremde mit dem warmen Blick ist hinter ihm her. Er hat gesehen wie Radu den Geldbeutel Liviu gegeben hat und ist doch Radu gefolgt. Als Radu vor der grossen Kirche anhält, um ein bisschen zu betteln, legt der Fremde sanft die Hand auf seine Schulter. Wenn Radu nicht zu Tode erschrocken wäre, würde er merken, wie weich die Berührung des Mannes ist. Fast eine Art Streicheln.

Aber Radu denkt eher an Bullen, Polypen, Knüppelheinis, Polizisten und springt auf. Er versucht sich loszureissen, schreit «Loslassen», schlägt blind um sich, aber der Mann hält ihn mit beiden Händen an den Schultern fest. Radu dreht sich um und erkennt ihn. Jetzt rechnet er fest mit einer Tracht Prügel auf dem Polizeiposten. Er sieht den Fussball, den Kassettenrekorder und das Motorrad davonfliegen und eine Menge Ärger auf sich zukommen. Einige Fussgänger gratulieren dem Mann, weil er, wie sie meinen, hart durchgreift. «Das Gesindel muss weg von der Strasse», sagen sie. Die Kirchgänger sind erleichtert, weil sie diesmal nichts geben müssen. Der Fremde jedoch bleibt freundlich und lächelt. Es entgeht Radu nicht, dass er anders ist als die meisten Erwachsenen, die er kennt.

«Hast du Hunger? Willst du essen?», fragt er Radu.

Radu schaut ihn verdutzt an. Was für ein Trick soll das sein? denkt er.

«Ich heisse Sergiu», sagt der Fremde.

Radu kommt aus dem Staunen nicht heraus. Noch nie hat sich ihm jemand so vorgestellt. Meistens stellen sich die Erwachsenen in Radus Welt nicht vor, sie fluchen und geben Kopfnüsse.

Das Restaurant, in das Sergiu Radu bringt, ist fast leer. Die Tische sind mit weissen Tüchern gedeckt, das Messer liegt immer rechts und die Gabel links. Das Essen hat Radu noch nie von einer Speisekarte bestellt. Er ist froh, wenn zu Hause überhaupt etwas für ihn übrig bleibt. «Tischmanieren kommen mir nicht ins Haus», hat sein Vater einmal gesagt. Sergiu scheint Bescheid zu wissen, er bestellt Suppe, Braten, Pommes und Salat. Radu läuft das Wasser im Mund zusammen, und als Sergiu ihn fragt, ob er mit der Auswahl zufrieden ist, mag er den Fremden bereits ein bisschen, trotzdem befürchtet er, dass bald die Bullen kommen.

Der Braten zergeht im Mund und die Pommes knacken zwischen den Zähnen. «Liviu wird es nicht glauben», denkt er. «Während er sich draussen den Hintern abfriert, sitze ich hier und fresse mir den Bauch voll. So einen Tag sollte man öfter haben.»

Radu stopft sich alles in den Mund, was er auf die Gabel kriegt, und isst schnell wie die wilden Tiere, die Angst haben, dass andere Tiere ihnen die Beute entreissen könnten. Er hat Angst, dass er mit dem Essen aufhören muss, wenn Sergiu nicht mehr redet. Also ist er mit einem Auge beim Essen und mit dem anderen bei Sergiu. Der Mann gefällt ihm, weil er ihm zu essen gibt, keine Predigten hält und keine dummen Fragen stellt. Weil sein Gesicht traurig wird und die Stimme zittrig, wenn er spricht. Das hat er noch nie bei seinem Vater und dessen Freunden gesehen. Und so lange hat noch niemand mit ihm geredet. Meistens hat er nur Ein- oder Zweiwortsätze gehört: «Wie viel?» Gemeint ist, wie viel Geld er nach Hause gebracht hat. «Nichtsnutz», wenn es wenig war. «Hosenscheisser», wenn man ihn auslacht. «Du Vieh», wenn er den Vater verärgert hat. [...]

Plötzlich schiebt er den Teller weit von sich, steht auf, und Sergiu kann ihn nicht daran hindern, davonzulaufen.

[...]

Was grinst du wie ein Schaf?», fragt Liviu, als er ihn sieht.

Radus Hände werden zu Fäusten in den Hosentaschen. Liviu hat Glück, dass er Liviu ist, sonst würde Radu auf ihn losgehen. Vor seinem Haus gibt ihm Liviu die Geldbörse und sagt: «Bis Morgen.» Radu geht ins Haus, wo der Vater und andere Männer über Geschäfte reden. Ihre Geschäfte haben mit Einbrüchen und mit Schmuggeln zu tun. Sie schmuggeln Zigaretten, Alkohol, Autos aus dem Ausland über die Grenze, dann verkaufen sie alles in der Stadt. Oder sie brechen in Wohnungen ein, wenn die Mieter weg sind. Weil es viele Männer sind, gibt das nicht viel her, aber immerhin. Gerade sind sie dabei, sich ein neues Opfer auszusuchen.

Radu geht in die Küche und bleibt eine Weile dort sitzen. Als er es nicht mehr aushält, geht er ins Wohnzimmer und will in sein Bett steigen. Sein Vater aber hört auf zu reden und ruft: «Wie viel?»

«Wenig», antwortet Radu.

«Nichtsnutz. Du hast wohl den ganzen Tag geschlafen. Und wo sind die Flasche und der Lumpen?»

Schon beisst Radu sich auf die Zunge, um nicht zu fluchen. Er hat sie an der Kreuzung vergessen. [...]

Radu wird es schwindlig vom Druck im Kopf. Er spürt in einer der Taschen Sergius Geldbeutel.

«Ein Weichling», sagt einer der Männer.

Radu packt die Geldbörse, geht auf seinen Vater zu und streckt sie ihm hin. Der Vater stockt kurz, und das gefällt Radu. Er steht vor den Männern und fühlt sich fast erwachsen.

[...]

LIEBE KLEINE SCHWESTER

Christine Nöstlinger/Jutta Bauer

Liebe kleine Schwester,

da unsere Eltern leider nicht genug Geld haben, um eine größere Wohnung zu mieten, werde ich wohl, bis ich endlich erwachsen bin und wegziehen kann, mit Dir ein Zimmer teilen müssen.
Aber ich warne Dich!
Überschreite nie mehr den Kreidestrich, den ich durch das Zimmer gezogen habe. Und beschwere Dich bloß nicht darüber, daß der Kreidestrich nicht durch die Zimmermitte geht. Ich bin 14 Jahre alt, Du bist 7 Jahre alt. Wenn Du kleiner Trottel schon ordentlich rechnen könntest, würdest Du einsehen, daß 14 zu 7 gleich 2 zu 1 ist, mir daher 2/3 oder 66,6666666666666666 Prozent des Raumes zustehen.

Deine große Schwester

62 LIEBER GROSSER BRUDER
Christine Nöstlinger/Jutta Bauer

Lieber grosser Bruder,

ich ersuche Dich dringend, folgende Knaben in folgender Reihenfolge endlich zu verprügeln:
Hans-Joachim
Lottel Wolfgang
Ebner Rainer Wippel
Xandi Bertner und
Oliver Schneuz-Kreun.

Ich erwarte diese kleine Gefälligkeit bis spätestens morgen abend von Dir, da ich diesen Knaben Deine Prügel seit Wochen androhe und mich zu ihrem Gespött mache, wenn Du nicht schnellstens zulangst.

Dein kleiner Bruder

PS
Würdest Du mir nicht dauernd alles wegfressen, könnte ich selbst zuhauen!

63 DER TRAUM VOM FLIEGEN
Christine Reiss-Schulz

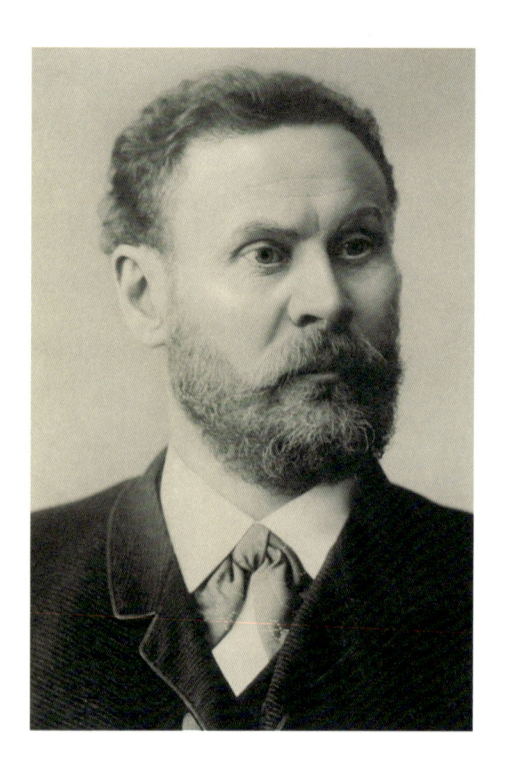

Otto Lilienthal wurde 1848 in Anklam, im heutigen Mecklenburg-Vorpommern, geboren. Seine Mutter war Klavierlehrerin. Caroline Lilienthal konnte ihren Kindern nicht viel bieten, weil die Familie immer knapp bei Kasse war. Seit dem Tod ihres Mannes war das noch schlimmer geworden.
Mit Mühe musste sie ihre Kinder jetzt allein durchbringen. Acht hatte sie geboren, fünf hatten aber ihre ersten Jahre nicht überlebt. Aber bei aller Armut zweigte Caroline Lilienthal doch, wann immer es ging, ein paar Groschen für die Basteleien und Experimente ihrer Söhne Gustav und Otto ab. Ihr gefiel deren Forscherdrang. Und sie war froh, dass ihr die Jungen nicht mit irgendwelchen Dummheiten Sorgen machten.

Jetzt hatten sich die beiden Buben in den Kopf gesetzt, wie Vögel zu fliegen. Dafür hatten sie sich «Flügel» gebaut – nicht aus Wachs wie Ikarus aus der antiken Sagenwelt, sondern aus Brettern und Stangen. Die Flügel probierten sie nachts heimlich aus. Sie schlichen aus dem Haus auf den nächstgelegenen Hügel, schnallten sich dort ihre «Fluggeräte» um und rannten gegen den Wind ins Tal. Aber das Abheben wollte und wollte nicht klappen. Nicht selten stolperten Otto und Gustav stattdessen über ihre eigenen Beine und kamen bäuchlings am Boden an. Danach kehrten sie enttäuscht nach Hause zurück. Nicht auszudenken, was passieren würde, wenn einer der Schulkameraden sie bei ihren nächtlichen Streifzügen sah.

Das würde sie am nächsten Tag zum Gespött der ganzen Schule machen. Nur die Mutter wusste von den Abenteuern ihrer Söhne. Sie hatte nichts dagegen, dass sich der Vierzehn- und der Zwölfjährige manchmal in der Dunkelheit auf die Socken machten. Sie gönnte Otto und Gustav den Spass. Trotz der vielen Enttäuschungen sollte später Otto Lilienthal sich und der Menschheit den uralten Traum vom Vogelflug erfüllen. Bis dahin zogen aber noch einige Jahre ins Land.

Wegen seiner guten Noten bekam der junge Otto Lilienthal 1867 ein Stipendium und konnte in Berlin Maschinenbau und Technik studieren. Zu seiner und Gustavs Idee, eine «Fliegemaschine» zu konstruieren, passte das ganz gut. Gustav wurde Baumeister, er zeichnete und berechnete später die ersten Flugmaschinen.

In den Ferien und nach dem Studium experimentierten die Brüder weiter an Fluggeräten herum. Otto fand heraus, dass die Arme des Menschen im Verhältnis zur Masse seines Körpers zu schwach waren, um wie ein Vogel mit den Flügeln zu schlagen. Also musste man die Kraft der Beine einbeziehen. Wichtig waren auch Form und Stellung der Flügel, damit der Luftwiderstand, den diese beim Schlagen erzeugen, der Fortbewegung zugute kam.

Gemeinsam mit Gustav konstruierte Otto eine kleine Dampfmaschine, die einen selbst gebauten «Storch» zum Fliegen bringen sollte. Dieser «Vogel» stürzte aber leider ab. Trotzdem, der Bau von Motoren faszinierte Otto und er gründete ein eigenes Unternehmen.

Er entwickelte verschiedene Kleinmotoren, die für den Einsatz in Handwerksbetrieben geeignet waren.

Otto Lilienthal hatte grossen Erfolg mit seinen Motoren und schon bald konnte er seine Firma vergrössern und er stellte Mitarbeiter ein. Er wusste, wie wichtig die Arbeiter für den Erfolg seiner Fabrik waren. Otto Lilienthal war einer der ersten, der darauf achtete, die Arbeitszeit pro Tag auf acht Stunden zu begrenzen und beteiligte seine Leute auch am jährlichen Gewinn der Firma.

Aber auch die Kultur war ihm wichtig. Er half ein Theater aufzubauen, für das der Eintritt nur ein paar Groschen kostete. So wurden Kunst und Theater auch ärmeren Leuten zugänglich. Er schrieb sogar ein eigenes Bühnenstück und stellte sich als Schauspieler auf die Bühne.

Otto Lilienthal konstruierte im Laufe der Zeit immer ausgeklügeltere «Fliegeapparate».

1891 gelang ihm ein Gleitflug über die Distanz von mehr als 25 Metern. Lilienthal war so besessen von seinem Traum zu fliegen, dass er in der Nähe von Berlin einen «Fliegeberg» errichtete, von dem aus er seine Flugversuche startete.

In der Zeit von 1890 bis 1896 konstruierte Lilienthal rund 30 verschiedene Flugapparate, die er zu mehr als 2000 Flugversuchen in Berlin und Umgebung einsetzte. Dabei erreichte er für diese Zeit sagenhafte Weiten von über 400 Metern. Viele seiner Konstruktionsmerkmale, die er damals ausarbeitete, kennzeichnen auch heute noch die Tragflächen moderner Flugzeuge. Ein paar Jahre später verwendeten die Gebrüder Wright Lilienthals Arbeiten als Grundlage für den Bau des ersten flugfähigen Motorflugzeugs der Welt.

Am 9. August 1896 startete Otto Lilienthal mit seinem Segelapparat zu einem Gleitflug. Er hob nach wenigen Schritten ab und glitt langsam ins Tal. Plötzlich riss eine Böe sein Fluggerät kurz und heftig hoch, der Segler kippte nach vorn – und Lilienthal stürzte aus über 15 Metern Höhe auf den Boden. Dabei brach sein dritter Halswirbel. Er spürte keinen Schmerz, war aber gelähmt. Eilig wurde Lilienthal nach Berlin ins Krankenhaus gebracht, wo er am nächsten Tag, dem 10. August 1896, starb.

64 Erkundigt sich der Mieter aus dem Parterre: «Haben Sie denn gestern nicht gehört, wie ich an die Decke geklopft habe?» «Doch. Aber das macht nichts. Bei uns war es auch sehr laut.»

65 OB ICH IHR SAG, DASS ICH SIE MAG?
Christine von dem Knesebeck

Ich mag, wie sie lacht
und wie sie schaut.
Was sie auch macht,
was sie auch tut,
ich seh sie an
und mir geht es gut.
Ob ich ihr sag,
dass ich sie mag?

Ich möchte laut singen,
möchte vor Freude
am liebsten zerspringen.
Wohin ich schau:
Die Welt steht Kopf
- alles ist neu.
Ob ich ihr sag,
dass ich sie mag?

Ich möchte laut singen,
ich möchte laut pfeifen
möchte hoch oben
nach Sternen greifen.
Wäre es nicht schön,
mit ihr zu gehen?
Ob ich ihr sag,
dass ich sie mag?

Ich mag wie sie lacht
und wie sie schaut
was sie auch macht,
was sie auch tut.
Sie sieht mich an
und ich fühl mich gut.
Wäre es nicht schön,
mit ihr zu gehen?
Sie sieht mich an
und ich fühl mich gut.

Ob ich ihr sag,
dass ich sie mag?

66 WO BEGINNT DER HIMMEL
Michelle Pinnow

Ich war sechs, als meine Mutter starb. Mein Vater sagte, die Krankheit heisse Krebs. Die Ärzte konnten nichts mehr für sie tun. Ihre Schmerzen waren gegen ihr Ende so gross, dass sie oft ohnmächtig wurde. Mein Vater war so verzweifelt, dass er sich in seine Arbeit verbiss und nur noch zum Schlafen nach Hause kam und auch das nicht immer. Er liebte meine Mutter wirklich, gerade deshalb konnte er nicht mit ansehen, wie der Mensch, der meine Mutter einst war, langsam von Ängsten, Befürchtungen, Schmerzen erdrückt wurde. Ich verstand nicht, als Papa eines Tages heimkam und zu mir sagte: «Kathrinchen, die Mami geht nun in den Himmel, du musst ihr noch ganz lieb ‹Tschüss› sagen, dann freut sie sich sicher!» Er hatte mich an den Armen gepackt, Tränen standen in seinen Augen, er merkte nicht einmal, dass er mir weh tat. Ich fragte ihn: «Wann kommt sie denn wieder, Vati?» Er stand auf, sah mich mit seinen wässrigen Augen an und stolperte rückwärts aus dem Zimmer. Ich hörte, wie die Schlafzimmertür knallte. Da ich nicht wusste, was ich falsch gemacht hatte, zuckte ich nur mit den Schultern und spielte weiter mit meinen Puppen.

Mama war schon lange nicht mehr bei uns zu Hause, Papa hatte mir erklärt, dass wir die Krankheit nicht nur mit Tee und Zwieback heilen konnten und dass wir dafür Hilfe brauchen würden. Das verstand ich, weil mir Mama, als ich krank war, auch schon bitteren Hustensaft geben musste, wenn Tee und

Zwieback nicht mehr ausreichten, um die schlimme Grippe zu bekämpfen. Aber warum sie dafür in ein Krankenhaus gehen musste, das verstand ich nicht. Papa und ich gingen jeden Tag in dieses Spital, um Mama zu besuchen. Ich mochte es nicht, es stank grässlich darin und die Frauen in den weissen Kitteln waren mir ziemlich unheimlich. Es kam mir vor, als würde dieser spezielle Hustensaft, den sie in diesem Haus ausschenkten, bei Mama überhaupt nicht helfen. Mit jedem Tag kam sie mir schwächer und blasser vor. Die meiste Zeit war sie zu erschöpft, als dass sie mir «Guten Tag» sagen konnte und so sass Vati einfach nur an ihrem Bett. Er weinte jedes Mal. Ich verkroch mich in diesen Minuten immer in einer Ecke, die ich «Tränen-Frei»-Ecke nannte. Diese Ecke war nämlich der einzige Ort in Mamas Zimmer, der vor Papas Tränen sicher war.

Das Zimmer war sehr spärlich eingerichtet: ein Bett, ein Nachttisch, ein Kleiderschrank, alles in derselben trostlosen, weissen Farbe, wie die Korridore, die Kittel der Ärzte, die Eingangshalle. Papa sass etwa eine halbe Stunde an Mamas Bett, und es schien als habe er mich schon vollkommen vergessen, da streckte Mama die Hand aus und ächzte: «Katharina ...?» Ich stand zögernd auf und Papa, dessen Augen immer noch ganz wund waren vom vielen Weinen, winkte mich an das Bett heran. «Katharina ... ich gehe ...» Sie stöhnte kurz auf und warf ihren Kopf herum, als ob das ihre Schmerzen lindern würde. Zögernd fragte ich: «Mama, wo gehst du denn hin?»

Sie verzerrte die Lippen, die nur Leute mit enormen Qualen formen können, wenn sie versuchen ein Lächeln auf ihren Mund zu spielen. «Kathrinchen ... mein kleines Kathrinchen ...», mit jedem Wort, das sie sprach, wurde sie leiser, bis sich ihre Lippen nur noch lautlos bewegten. Mein Vater beobachtete die Szene traurig, nahm mich bei der Hand und flüsterte: «Komm, Katharina! Mama will jetzt schlafen.» Papa zog mich zur Tür und sagte, als wir schon im Flur standen: «Katharina! Mama geht sehr weit weg ... sie ... sie ist bald nicht mehr hier bei uns, aber sie kommt zu einem Ort, an dem es tausendmal schöner ist als hier.»

Ich sah ihn verständnislos an, ich verstand nicht, was er mit «einem Ort, der tausendmal schöner ist als hier» meinte. Ich fragte ihn danach, er antwortete nur: «Der Himmel, Kathrinchen, der Himmel.» – «Papa, wo ist das, «der Himmel?» – «Der Himmel beginnt an dem wundervollsten Ort, den sich ein Mensch vorstellen kann, und geht weiter bis zur vollkommenen Glückseligkeit», antwortete er leise.

«Was ist, wenn der schönste Ort, den ich mir vorstellen kann, bei Mama ist?» Ich sah ihm in die Augen, aber ich wusste, dass er meine Frage nicht beantworten würde, also schwieg ich.

Ich durfte nach diesem Besuch nicht mehr mit Papa mitgehen, wenn er Mama besuchte. Er meinte, dass ich sie zu sehr aufrege, und dass das ihren Zustand verschlimmern würde. Ich verstand nicht, was er mit «Zustand» meinte, aber Gott weiss, dass ich sehr wenig von dem verstand, was die Erwachsenen erzählten.

Manchmal ging Papa einfach in sein Zimmer und weinte, er schloss die Tür ab und verstopfte das Schlüsselloch mit Watte, damit ich ihn so nicht sehen konnte, aber manchmal glaubte ich, ihn zu hören sei schlimmer als ihn zu sehen.

Dann kam der Tag, an dem ich mit Mama das letzte Mal reden konnte. Es regnete draussen und der Wind pfiff durch die Strassen und Gassen. Papa hatte mir meinen gelben Regenmantel übergezogen und ich fand, dass ich wie eine kleine Verkehrsreglerin aussah.

Das machte mich stolz, und ich freute mich Mama zu zeigen, wie ich aussah. Ich erschrak, als ich sie in ihrem Bett liegen sah. War das meine Mama? Die Frau, die mich in den Schlaf wiegte, wenn ich Angst vor den Gespenstern unter meinem Bett hatte? Diejenige, die mich am Morgen sanft mit einem herrlich feuchten Bauchschmatzer weckte, sodass wir beide kichern mussten? War das meine Mutter? Die fremde Frau in dem Bett streckte die Hand nach mir aus und Papa schob mich zu ihr hin. «Kathrinchen, du weisst, dass dich deine Mama ganz doll lieb hat?» – «Ja, Mami», murmelte ich leise und wagte es nicht, ihr in die Augen zu sehen. «Schatz, ich gehe jetzt in den Himmel und ich werde bei dem lieben Gott ein gutes Wort für mein kleines Lausemädchen einlegen.» Ich spürte, wie sie immer schwächer wurde, sie wurde immer leiser und die Augen fielen ihr zu. Ich spürte, dass sie starb: «Mama! Wo beginnt der Himmel?», rief ich. Ich wiederholte es immer und immer wieder. «Mama, wo beginnt der Himmel?»

67 DIALOG MIT EINEM STERN
Anne Weber

Es war Mittag, die Sonne stach. Was machst du denn da? fragte der Stern Ida. (Ich begriff augenblicklich, dass dies die Stimme eines Sternes war – eines zu dieser Tageszeit zwar unsichtbaren, aber sprechenden Sternes. Geben Sie es auf, das verstehen zu wollen. Manchmal hat man eben Eingebungen, die nicht täuschen, Punkt um.)

Was machst du denn da? fragte wie gesagt der Stern. Ich beobachte dich nun schon eine ganze Weile, und ich kann beim besten Willen nicht sehen, worauf du hinaus willst. Du kommst, du gehst, du rührst an Herzen und an Salatblättern und in Töpfen, du fährst weg mit dem Bus, du kommst mit der Metro wieder zurück, du öffnest mehrmals täglich den Briefkasten, du kaufst ein halbes Baguette, du guckst ins Leere, du blätterst im Telefonbuch, du kommst, du gehst, du kommst, du gehst. Ich kann dir versichern, dass man sich von hier aus gesehen auf dieses ganze Hin und Her beim besten Willen keinen Reim machen kann.

Ich hoffe, Sie nehmen es mir nicht übel, antwortete Ida (um den Stern zu duzen, war sie zu eingeschüchtert). Aber von der Erde aus gesehen hat das, was Sie da oben treiben, auch nicht gerade viel Sinn.

Der Stern war verärgert und verstummte.

68 AN EINEM BESTIMMTEN PUNKT
Andreas Neeser

156 | 157 An einem bestimmten Punkt
hilft kein Satzzeichen weiter.

Gainsbourg, Savignyplatz

Punkt
eiter

69 GANZ SCHÖN ZEITKRITISCH

Woher er das nur hat?!

70 NOVEMBERWIND
Andreas Steinhöfel

29. August Es gibt einen Neuen in unserer Klasse und er heisst Adrian. Er ist klein und zierlich. Frau Weber hat das so gesagt, vor allen Schülern: Du bist aber zierlich! Grosses Gelächter. Adrian kriegte einen knallroten Kopf vor Verlegenheit. Er sah aus, als wollte er im Boden versinken.

Die Weber hat ihn dann ausgerechnet neben Daniel gesetzt. Freiwillig wollte da noch nie jemand sitzen, obwohl Daniel wahnsinnig schlau ist, weshalb man bei Klassenarbeiten prima von ihm abschreiben könnte. Wenn Daniel seine schlauen Sachen sagt, geht dabei sein Mund auf und zu, aber seine Augen blinzeln nicht. Bis heute Vormittag war ich nicht mal sicher, ob er lächeln kann. Ich hätte gewettet, dass er ein Ausserirdischer ist, den seine Pflegeeltern aus Mitleid adoptiert haben. Eigentlich wollten sie Pilze sammeln, aber plötzlich stürzte neben ihnen dieses UFO ab, voll rein in die Pfifferlinge, mit einem Baby ohne Gesichtsmuskeln an Bord.

Warum ich das überhaupt erwähne: Als Adrian sich neben ihn setzte, geschah das völlig Unerwartete: Daniel zog die Mundwinkel hoch, was wohl so viel bedeutete wie ein Lächeln. Ein Raunen ging durch die Klasse. Es war, als hätten über zwanzig Zeugen gerade gesehen, wie ein Roboter zum Leben erwachte. Der zierliche Adrian lächelte zurück, und plötzlich verstanden alle, da hatten sich zwei Freunde gefunden. Man verstand es so deutlich, als hätte Frau Weber es in Grossbuchstaben an die Tafel geschrieben, vor der sie jetzt stand und grinste.

Frau Weber besucht fast jedes Wochenende diese Seminare zur Fortbildung. Meistens geht es dort um ihre Unterrichtsfächer, Deutsch und Sport, aber manchmal lernt sie so allgemeines Zeugs, von dem sie uns dann montags erzählt: Meine lieben kleinen Pisagesichter, ich hab was Neues gelernt über Ganztagsschulen, das ist revolutionär! Irgendwann hat sie wohl auch was Revolutionäres gelernt über zierliche Jungs und ausserirdische Jungs und dass die gut zusammenpassen.

Ich finde, sie, hätte Adrian auch auf den freien Platz neben mir setzen können. Das hat sie womöglich gelassen, weil ich ein Mädchen bin. Ich hoffe, sie besucht zu dem Thema bald mal ein Seminar.

Noch etwas, das vermutlich ausser mir niemandem aufgefallen ist: Daniels merkwürdiges Lächeln sah nicht nur so aus, als übte er noch. Es war ausserdem auch etwas Blaues drin. Und Blau ist die traurigste Farbe der Welt.

31. August Sie verbringen jetzt jede Pause miteinander, Daniel und Adrian. Keine Ahnung, über was sie sich unterhalten, dazu reden sie zu leise. Heute hab ich mich so nah wie möglich an sie herangeschlichen, aber ich hörte nicht mehr als ein Flüstern. Es klang wie Novemberwind, der durch Bäume fährt, an denen kaum noch Laub dran ist.

Sie sassen nebeneinander unter den alten Kastanien, wo zurzeit noch alle Blätter dran sind, schliesslich ist Sommer. Adrian hatte irgendwas erzählt, praktisch ohne Unterbrechung, die Pause war schon fast um. Jetzt antwortete Daniel, und die Sonne machte dabei sein Maskengesicht, in dem der Mund sich öffnete und schloss, ganz hell. Adrian hörte aufmerksam zu. Er hatte die Hände um die Knie gelegt, als müsste er sich an sich selber festhalten. Die ganze Zeit guckte er dabei auf seine Turnschuhe und zuletzt guckte er langsam rauf und es sah so aus, als würde er gleich weinen. Seine Augen schimmerten feucht.

Ich hab noch nie gesehen, wie ein Junge einen anderen tröstet. Ich meine, nicht so kumpelhaft, wie nach einem verlorenen Fussballspiel, wenn zwei sich kurz in den Arm nehmen und sich mit den Fäusten über die Köpfe rubbeln und sich dann schnell wieder loslassen, bevor es peinlich wird.

Ich meine die Art von Trösten, wenn etwas in jemandem kaputt ist. Das Herz oder so.

Denn genau so sah Adrian aus, als wäre was in ihm kaputt und er fand den Werkzeugkasten nicht. Daniel legte ihm einen Arm um die Schultern, zog seinen Kopf an seine Brust und fing an, ihm ganz sacht die Haare zu streicheln. Jeder konnte die zwei dabei sehen. Erst dachte ich, da können sie sich auch gleich erschiessen. Aber keiner der anderen Jungen traute sich was zu sagen, keiner rief Schwulis oder so was.

Daniel guckte ganz ruhig über den Pausenhof. Sein niemals blinzelnder Blick sah aus, als würde er jeden verbrennen, der sich ihm oder Adrian zu nähern wagte. [...]

2. September Adrian ist total gut in Sport! Das muss man gesehen haben, wie er beim 400-Meter-Lauf alle anderen abhängte. Frau Weber guckte zu, als Adrian wie mit einer Rakete im Hintern abzischte und eine riesige ockerfarbene Staubwolke hinterliess. Ich habs gewusst, sagte sie mit dem fettesten Grinsen aller Zeiten im Gesicht. Zierlich und flink!

Trotzdem will keiner was mit Adrian zu tun haben, was natürlich daran liegt, dass er als Einziger was mit Daniel zu tun hat. Inzwischen denke ich, dass die beiden so unzertrennlich sind, weil sie ein Geheimnis teilen. Vielleicht ist Adrian ja ebenfalls ein Ausserirdischer, das würde zumindest erklären, warum er so wahnsinnig schnell ist. Oder er und Daniel sind Zwillingsbrüder, die sofort nach ihrer Geburt bei eBay an verschiedene Eltern versteigert wurden. Der eine, weil er sein Gesicht nicht bewegen konnte, und der andere, weil er so klein war, dass er dauernd in den eigenen Windeln verloren ging.

Wenn ich eine Schwester oder einen Bruder hätte, wären wir schon längst zu zweit über alle Berge. So viel steht mal fest.

5. September Heute in der Schule, in Geografie bei Herrn Weyrich, gabs Stunk mit Adrian. Der wurde wegen irgendwas wütend, das Esmail ihm zugezischelt hatte, und ging auf ihn los, mit einem Stuhl. Von wegen zierlich! Adrian hob den Stuhl hoch über den Kopf und warf ihn. Daniel sah ihm ganz ruhig und ohne zu blinzeln dabei zu und versuchte auch gar nicht, ihn vom Werfen abzuhalten.

Esmail konnte schnell genug ausweichen und der Stuhl flog halb in die Europäische Union und halb in den Atlantik. Fast wäre die Wandkarte umgekippt. Der Weyrich war stinksauer. Er brüllte Adrian an, du hast ja wohl mal einen grösseren Dachschaden als eine japanische Tanzmaus! Dann schickte er ihn zum Direktor. Zwei Stunden später war Adrian dann plötzlich verschwunden und der Stuhl auch.

Daniel fand beide nur zweihundert Meter von der Schule entfernt, auf den Bahngleisen. Er war losgelaufen wie ein Spürhund, ohne ein Wort. Die halbe Klasse folgte ihm. Keine Ahnung, woher er wusste, wo er suchen musste. Adrian sass zwischen den Schienen auf dem Stuhl, als wollte er sich vom nächsten Zug überfahren lassen. Darauf konnte er lange warten, da fahren nämlich schon seit Jahren keine Züge mehr, aber woher sollte er das wissen? Er muss gehofft haben, es käme wirklich einer. Ich sah ihn nämlich lächeln, wie er da in der Sonne sass und geduldig wartete, und es war ein blaues Lächeln. Ganz weit hinten, in der Ferne, liefen die Gleise zu einem einzigen flimmernden Punkt zusammen.

Das gibt jetzt Probleme mit seinen Eltern, so viel ist klar. Man fragt sich nur, was dabei rauskommen soll. Die Schule macht Adrians Eltern Stress, und die machen dann Adrian Stress, und beim nächsten Mal trägt er wahrscheinlich einen gemütlichen Fernsehsessel auf ein Paar Gleise, wo doch noch Züge fahren. Man fragt sich, wie Erwachsene so blöd sein können.

Und ich frage mich, was in Adrians Kopf los ist. Es gibt ja diesen Spruch, dass stille Wasser tief sind. Man muss wohl ziemlich tief sein, um Stühle durch die Gegend zu werfen und sich anschliessend von der Eisenbahn überfahren lassen zu wollen. Wie lange wäre Adrian wohl auf den Gleisen sitzen geblieben, wenn Daniel ihn nicht gefunden hätte? [...]

6. September Mama hat angerufen und gesagt, du musst noch eine Weile durchhalten, mein Schätzchen, bis ich dich zu uns hole. Mit uns meint sie sich und diesen Florian, den sie im Büro kennengelernt hat. Der sieht immer so aus, als käme er gerade aus dem Urlaub, während Mama an seiner Seite so aussieht, als hätte er sie in diesem Urlaub in einem Andenkenladen gekauft und mitgebracht.

Ich hab angefangen zu weinen und gefragt, warum sie mich nicht gleich holt, und sie sagte, das ist zu kompliziert, kümmere dich ein bisschen um deinen Vater. Am liebsten hätte ich ihr durchs Telefon hindurch eine geklatscht. Stattdessen hab ich einfach ja gesagt und aufgelegt.

Ich weiss, ich sollte das nicht denken, es fühlt sich so schlecht an. Aber ich will nicht bei Papa bleiben. Seit ich mich erinnern kann, ist er komisch. Wie ein Igel mit Eisenstacheln, der dauernd zusammengerollt ist und keinen an sich rankommen lässt. Kein Wunder, dass Mama ihn verlassen hat, wahrscheinlich hat sie sich zu oft an ihm gestochen. Aber diesen Florian will ich auch nicht. Er guckt Mama immer an, als wäre sie eine riesige Eistüte mit Sahne drauf, aber er will nur die Sahne und ein bisschen was vom Eis, und die Waffel wirft er am Schluss weg. [...]

8. September Eine grosse Katastrophe ist passiert, Daniel ist womöglich tot! Er ist in einen von den alten Stollen im Enzberg gekracht. Da wimmeln jetzt, genau in diesem Moment, tausend Leute rum und alle fragen sich, wie das passieren konnte. Ich bin so aufgeregt, ich weiss gar nicht, wo ich anfangen soll.

Jedes Kind in der Stadt weiss von den Gängen und Stollen im Enzberg. Früher wurde dort Erz gefördert, bis vor ungefähr hundert Jahren, als der Berg nichts mehr hergab. Im Zweiten Weltkrieg versteckten die Leute aus der Stadt sich in den Stollen, während draussen die Bomben fielen. Nach dem Krieg, weil inzwischen alles einsturzgefährdet war, wurde der Zugang zum Enzberg endgültig versiegelt.

Vor was weiss ich wie vielen Jahren ist mal, trotz der Versiegelung, ein Junge im Enzberg verschwunden. Er wurde aber schnell wiedergefunden, und danach verliess seine Familie mit ihm die Stadt. Er war in einen versteckten alten Schacht gekrabbelt, der nur mit Brettern abgedeckt gewesen war. Man nannte ihn den weissen Jungen, weil seine Haut ganz weiss war. Er war also ein Albino, aber Frau Weber meint, das darf man nur bei Meerschweinchen oder anderen Kleinsäugern sagen, bei Menschen heisst es minimal pigmentiert. Pigmente sind diese kleinen Farbfitzel in unserer Haut, die braun werden, wenn Sonne drankommt.

Daniel ist jedenfalls in so einen ähnlichen Schacht gefallen wie damals der Albino, nur dass dieser Schacht weder versteckt noch abgedeckt war, sondern gar nicht sichtbar. Ein vergessener Lüftungsschacht. Das Schlimme ist, dass Daniel dort nicht nur eingekracht ist, sondern dass durch die Erschütterung alle möglichen anderen Gänge und Tunnel auch eingestürzt sind. In der ganzen Stadt konnte man das Rumpeln hören, es klang wie ein Gewitter. War es aber nicht. Es war der Enzberg, und der hat sich Daniel geholt und kein Mensch weiss, ob er noch lebt, und jetzt ist die Hölle los.

später Die lassen da keinen hin, schon gar keine Kinder. Rund um die Unglücksstelle ist alles abgesperrt von der Feuerwehr und dem Technischen Hilfswerk und so weiter. Die Polizei lässt keinen durch. Man sieht nur den Wald und die rotweissen Sicherheitsbänder, die zwischen den hohen Bäumen flattern. Oben auf dem Hügel ist irgendwo das Loch. Überall rennen und stolpern Menschen herum. Eigentlich müsste der Himmel voller dunkler Wolken sein und es müsste regnen, das würde viel besser passen zu diesem traurigen Aufruhr. Aber der Himmel ist blau und die Sonne scheint. Ich weiss nicht, warum, aber es ist ein schrecklicher Gedanke, dass es der Sonne und überhaupt dem ganzen Universum völlig egal ist, wenn da mal so eben zwischendurch ein Junge verschwindet.

Es heisst, Daniel sei allein im Wald unterwegs gewesen und plötzlich habe die Erde sich unter ihm aufgetan und ihn verschluckt. Wenn nicht zufällig zwei vorbeilaufende Jogger gesehen hätten, wie da gerade eben noch ein Junge gewesen war und auf einmal nicht mehr, hätte keiner was gemerkt.

In ein paar Tagen oder Wochen hätten wir bloss gedacht, Daniel wäre von einem UFO abgeholt und endlich nach Hause gebracht worden.

Ich frage mich, was er allein im Wald zu suchen hatte, und ich frage mich, wo Adrian ist. Ich hoffe, er ist nicht ebenfalls in das Loch gerutscht, und die Jogger haben ihn bloss übersehen, weil er so klein und zierlich ist.

noch später Daniel lebt! Er hat was aus dem Schacht nach oben gerufen, aber seine Stimme war ganz schwach und man konnte es nicht richtig verstehen. Vermutlich ist er verletzt.

Die Feuerwehr will jetzt den versiegelten Eingang zum Bergwerk öffnen. Von dort aus wollen sie durch die alten Stollen zu Daniel vordringen. Durch das Loch, in das er gefallen ist, kommt man nämlich nicht an ihn ran, das ist viel zu eng. Es heisst, wenn sie da jemanden runterschicken oder darin herumpulen, wird womöglich alles nur noch schlimmer und der Berg fällt Daniel endgültig auf den Kopf.

Vorhin rief ein Mann vom Technischen Hilfswerk durch einen Lautsprecher: Geht nach Hause, Leute, geht endlich nach Hause! Ihr könnt uns am besten helfen, indem ihr hier alles frei macht und die Bergungsarbeiten nicht behindert, nichts für ungut, aber geht jetzt nach Hause!

Also ging ich nach Hause. Draussen wird es langsam dunkel, der Himmel über dem Enzberg ist hell erleuchtet. Flutlichter sind aufgestellt und es sieht aus, als würden die Wolken glühen. Eben hat Mama angerufen und gefragt, ob alles in Ordnung ist. Sie hat es im Radio gehört. Ich sagte ja und gab das Telefon schnell an Papa weiter, bevor sie irgendwas von ihrem grossartigen Florian erzählen konnte. Papa sagte ins Telefon, gar nichts ist in Ordnung, und dann fingen sie an zu streiten.

9. September Heute Morgen ist die halbe Stadt gleich nach dem Aufwachen in Richtung Enzberg gehetzt. Viele Leute haben kein Auge zugetan, schliesslich ist es die Sensation des Jahres. Ich ging erst mal zur Schule, weil ich dachte, dass vielleicht Frau Weber eine revolutionäre Idee hat, wie man Daniel aus dem Schacht befreien kann. Könnte ja sein, sie hat mal ein Seminar besucht über Kinder, die in Löcher fallen.

Frau Webers Augen waren rot und geschwollen, als hätte sie die ganze Nacht geweint. Sie sagte, heute fällt der Unterricht aus, meine Pisamäuschen, geht nach Hause und betet für unseren Daniel.

Also bin ich dann auch rauf auf den Enzberg, weil ich nicht wusste, wohin sonst. Vor den Sicherheitsabsperrungen herrschte ein gewaltiges Gedrängel. Dass aber jetzt bloss keiner denkt, den Leuten ginge es um Daniel. Die meisten wollen nur ins Fernsehen. Da sind nämlich inzwischen jede Menge Übertragungswagen angekommen, von allen möglichen TV-Sendern. Die Reporter stehen auf dem Hügel. Ihre Oberkörper sind so ein bisschen seitlich vorgeschoben, und sie halten Mikros in den Händen wie beim Staffellauf. Sie schnappen sich zum Beispiel Esmail, und der erzählt, was für ein toller Mitschüler Daniel war und wie betroffen er ist wegen dem menschlichen Verlust. Die Reporter nicken mitleidig. Sobald sie ihre Mikros abgeschaltet haben, lassen sie sich neues Gel in die Haare schmieren für ihren nächsten Auftritt und gucken auf die Uhr, als fragten sie sich, wann sie endlich Feierabend hätten.

Daniels Eltern lassen sich nicht interviewen. Ich hab sie heute zum ersten Mal gesehen, hinter der Absperrung. Daniels Vater hat sehr kleine, müde Augen. Er redet ständig mit den Leuten von den Rettungsmannschaften. Seine Arme zucken dabei rauf und fallen wieder runter, als wollten sie was heben, das viel zu schwer ist. Daniels Mutter hat das gleiche unbewegliche Gesicht wie ihr Sohn. Sie sieht aus, als wollte sie sagen: Ich hab schon immer gewusst, dass mein Sohn mal in ein Loch fällt, aber leider, leider hab ich nie darüber nachgedacht, wie es danach weitergeht.

Keiner weiss, wie es weitergeht. Hinter dem alten Bergwerkseingang ist nämlich, wie sich herausgestellt hat, alles verschüttet. Der Feuerwehrchef war sauer und sagte, das wäre zu erwarten gewesen. Seit Jahrzehnten hätte keiner sich um das Bergwerk gekümmert, aus Sicherheitsgründen hätte es längst gesprengt werden müssen, aber die Umweltschützer machten sich ja nur Sorgen um ein paar blöde Bäume, und jetzt hätten wir den Salat. Zwar seien bereits Spezialisten und die benötigte Technik unterwegs, aber trotzdem werde es mindestens zwei Tage dauern, bis man da alles ordentlich abgestützt und sich durchgewühlt hat, und dann wüsste man immer noch nicht, wie es hinter dem Eingang weitergeht, verdammte Umweltschützer!

Man weiss auch nicht, ob Daniel überhaupt noch lebt. Aus dem Loch kommt nämlich kein Pieps mehr. Deshalb wollen sie jetzt ein Mikro runterlassen und eine kleine Kamera.

Das dauert. Inzwischen habe ich das hier alles in mein Deutschheft geschrieben. Vor lauter Angst ist mir kalt bis in die Zehenspitzen. Immerhin hab ich endlich Adrian entdeckt. Er steht ganz allein in der Gegend rum, wie eine Fahne am Nordpol. Ich würde am liebsten zu ihm gehen, trau mich aber nicht. Seine Augen sind weit aufgerissen, als wollte er mehr sehen, als ein Mensch sehen kann.

später Zuerst war das Mikro dran. Als es an einem langen Kabel in den Schacht abgeseilt wurde, wurde es vor der Absperrung plötzlich mucksmäuschenstill. Hunderte von Menschen hielten gleichzeitig den Atem an. Es war wie im Winter, wenn es so sacht schneit, dass man nicht mal hört, wie die Flocken auf den Boden treffen. Man hört nur das unsagbar winzige Geräusch, wie sie durch die Luft segeln und wenn zwei von ihnen zufällig aneinander vorbeischrammen.

Daniel?

Knister, knister.

Daniel, kannst du mich hören? Knister, knister, dann:

Ja.

Man sollte meinen, das wärs gewesen mit absoluter Stille. Aber niemand jubelte. Nur ein kleines Stöhnen kam von weit weg und ein Schluchzen. Ich reckte den Hals und sah, das kam von Daniels Vater. Er hatte eine Hand vor den Mund gepresst. Mit der anderen hielt er sich am Arm seiner Frau fest. Die war im Gesicht ganz weiss. Was sie wohl dachte?

Daniel, bist du verletzt?

Ich hab mir einen Arm gebrochen und ein Bein.

Es war typisch Daniel, dass er nicht sagte: Ich glaube, ich hab mir was gebrochen. Er war sich ganz sicher. Einer der Feuerwehrleute biss die Zähne zusammen und zischte Scheisse! zwischen ihnen durch.

Kannst du dich bewegen? Daniel?

Nein.

Wir schicken dir jetzt Wasser und was zu essen und ausserdem eine Decke, Daniel. Du musst versuchen, da dranzukommen, auch wenn es wehtut.

Okay.

Und Tabletten – davon musst du sofort eine nehmen und dann alle sechs Stunden wieder eine, wir sagen dir rechtzeitig Bescheid. Und dann holen wir dich raus, aber es dauert eine Weile.

Keine Antwort. Das wunderte mich überhaupt nicht. Jetzt eine Tablette und dann alle sechs Stunden eine bedeutet ja wohl mindestens zwölf Stunden, wegen dem Plural. Daniel muss also mindestens noch bis heute Abend in diesem Loch verbringen. Womöglich macht er sich Sorgen, dass es bald regnet oder dass ihm der gebrochene Arm abfällt. Vielleicht gibt es da unten Ratten und er hat Angst vor ihnen.

Als Nächstes kam es zu einer grossen Enttäuschung. Das mit der Kamera klappte nicht. Sie war technisch einwandfrei und so weiter, aber wie es aussah, lag Daniel hinter oder sogar zum Teil unter einem Haufen Erde. Er selber kam jedenfalls nicht ran, und von oben liess die Kamera sich nicht steuern. Ach, das arme Kind, sagte neben mir eine Frau.

Von Adrian war nichts mehr zu sehen. Wahrscheinlich ging es ihm wie mir, man muss ja schliesslich mal was essen zwischendurch und aufs Klo. Ich bin schnell nach Hause gelaufen, hatte aber keinen Appetit. Papa sass im Wohnzimmer vor der Glotze, als hätte ihn jemand auf das Sofa geklebt. Er sagte nur kurz Hallo und guck dir das mal an, also setzte ich mich neben ihn.

Im Fernsehen lief natürlich die Sondersendung. Da sagten sie gerade, dass der kleine Daniel mit seinen vielfach gebrochenen Gliedmassen an das Essen und Trinken nicht rankäme. Deshalb sei es auch unmöglich, dass er sich selber ein Rettungsgeschirr anlege, und nach der Werbung gehts bei uns weiter, bleiben Sie dran.

Papa meinte, das mit dem kleinen Daniel sagen sie extra, um damit auf die Tränendrüsen zu drücken. Er stellte den Ton leiser und legte einen Arm um mich, ohne vom Fernseher wegzugucken. Er sagte, wenn dir so was passieren würde, könnten sie mich danach in die Klapsmühle einweisen.

Und dann war auf einmal alles verkehrt herum, weil er plötzlich anfing zu weinen und ich ihn trösten musste, also machte ich seinen Arm von mir los und holte ihm schnell ein Bier aus dem Kühlschrank.

Ich hab mich nicht wieder neben ihn gesetzt, weil es so peinlich ist. Stattdessen sitze ich am Tisch und hab den Fernseher im Blick, falls es Neuigkeiten gibt, und nun hab ich erst mal alles aufgeschrieben, was passiert ist, sonst vergesse ich womöglich was Wichtiges.

Gerade im Moment ist wieder die Liveschaltung. Vorhin war der Bürgermeister zu sehen, wie er mit ganz tiefer Stimme, als steckte ihm ein Brikett im Hals, ins Mikro von einer Reporterin sprach: dass eigentlich jemand in den Schacht runter müsste, um dem Jungen das Rettungsgeschirr anzulegen, weil der schwer verletzte kleine Daniel das selber nicht schafft, aber leider wäre der Schacht so eng, dass kein Erwachsener durchpasst, es ist eine echte Tragödie, Gott helfe uns.

Und jetzt spricht der Chef vom Technischen Hilfswerk. Eben hat er gesagt, wir wissen momentan auch nicht weiter, die Lage ist kompliziert. Eigentlich passt in diesen engen Schacht nur ein Kind, aber selbst das müsste schon verdammt klein und zierlich sein.

10. September

In Büchern steht an solchen Stellen immer: Das war der Moment, in dem die

Ereignisse sich überstürzten. Jetzt weiss ich, wie so eine Überstürzung sich anfühlt.

Als ich bei Adrians Haus ankam, hatte ich fast keine Beine und keine Lungen mehr, so war ich gerannt! Trotzdem kam ich zu spät, denn Adrian war schon nicht mehr da, sondern unterwegs zum Enzberg. Das erklärte mir seine Mutter, die Schreitussi. Sie stand im Hausflur, halb in der Jacke. Sie sagte, ich kenn doch diesen Blick! Wenn mein Sohn so guckt, dann hat er was vor, und ich bin doch nicht doof und er ist doch so zierlich, genau wie der Mann das eben im Fernsehen gesagt hat!

Wahrscheinlich hätte ich sie gar nicht mehr erwischt, aber wie sie aussah, so frisch mattiert im Gesicht und knallroter Lippenstift drauf, hatte sie sich wohl rasch erst noch geschminkt.

[...]

Dann zog Adrians Mutter die Tür zu und spurtete los.

Ich wollte ihr nach, als plötzlich jemand von oben das Treppenhaus runterbollerte. Es war Lena aus meiner Klasse. Sie sagte, komm, beeilen wir uns. Dann streckte sie eine Hand aus und zog mich hinter sich her.

Wir kamen trotzdem zu spät. Kurz hinter dem Stadtrand blieben wir erschreckt stehen, als ein Lärm ertönte, als würde der vor uns liegende Berg aufschreien, oder der Wald. Es war wie bei einem Fussballspiel, wo endlich ein Tor fällt und der Jubel in den Himmel steigt. Aber gleichzeitig war es, als hätte der Torwart sich bei der misslungenen Abwehr des Balls schwer verletzt. Wir hetzten weiter, den Hügel rauf. Als wir endlich oben ankamen, fragte Lena jemanden, was passiert war.

Das hier: Vor ein paar Minuten war Adrian mit seinem kleinen Rucksack an der Unglücksstelle angekommen und einfach unter den Sicherheitsbändern durchgelaufen. Er war schnurstracks auf die Chefs von der Feuerwehr und dem THW zugegangen, hatte zu ihnen raufgeguckt und gesagt, ich muss da runter zu Daniel.

Erst musterten sie ihn alle, als hätte er die grösste Macke des Jahrhunderts. Du gehst nirgendwohin, ausser nach Hause, Kleiner, schnaubte der Bürgermeister. Aber dann sagte der Chef vom THW, wollen Sie wirklich so lange warten, bis es womöglich zu spät ist? Der Junge kann nachsehen, ob Daniel noch lebt, und er kann ihm was zu trinken und zu essen bringen. Wir sichern ihn so ab, dass nichts passieren kann, wir brauchen nur die Einwilligung seiner Eltern.

Adrian hob seinen Rucksack hoch, als wollte er sagen, daran hab ich schon längst gedacht, hier ist alles drin, nahrhaftes Essen, ein vitaminreiches Getränk, eine Taschenlampe, ein paar Mangas. Aber der Bürgermeister schüttelte den Kopf, kommt nicht in Frage. Der Chef vom THW fand, dass es doch in Frage kommen könnte, und der Feuerwehrchef fand auch irgendwas; jedenfalls brüllten sie sich nun alle drei an. Und während sie sich anbrüllten, hob Adrian den

Rucksack noch höher, so hoch wie letzte Woche in der Schule den Stuhl. Er drängte sich zwischen all den grossen Männern durch, klein und zierlich, wie er ist. Er rannte auf das Loch zu und verschwand in den Schacht, die Füsse voran, und Hunderte von Menschen schrien auf, am lautesten die Fernsehreporter.

Als Lena und ich ankamen, standen alle noch unter Schock. Es war eine merkwürdige Atmosphäre, als würde das alles gar nicht wirklich passieren. Ich fühlte mich ganz beklommen, wie in einer Luftblase oder in einem von diesen schrecklichen Träumen, in denen man läuft und läuft, ohne wirklich von der Stelle zu kommen. Als wäre die Zeit stehen geblieben, um kurz Atem zu holen. Ich guckte vorsichtig zu Lena, die meine Hand losgelassen hatte, aber immer noch neben mir stand.

Dann guckte ich mir die Erwachsenen an, wie sie da alle hilflos zu dem Loch im Boden starrten, Daniels Mutter mit ihrem UFO-Blick und Adrians Mutter, die aussah, als wäre sie mit dem Gesicht voran in einen Farbkasten gefallen, und die eine Schreitussi ist, und den Bürgermeister, der womöglich bald arbeitslos ist, wenn er einen Fehler macht, und den Chef vom THW, dessen Gesicht völlig zerknittert war vor Sorge, und sogar unseren Pfarrer, der irgendwie wütend aussah, als hätte er versucht mit Gott zu telefonieren und der ging nicht ans Telefon. Und dazwischen die Staffelläufer vom Fernsehen, die genervt waren, weil der Wind ihnen die Frisuren durcheinander brachte.

Ich muss leider sagen, ich bekam plötzlich eine so grosse Angst vor dem Erwachsenwerden, dass ich mich am liebsten sofort in ein Mauseloch verkrochen hätte. Ich hab immer gedacht, wenn man erwachsen ist, weiss man auf alles eine Antwort. Dann kriegt man im Leben sozusagen immer eine Eins. Aber jetzt, während die Zeit die Luft anhielt, sah ich diese Leute, von denen die meisten genauso wenig Antworten wussten wie ich. Und andere Leute, die schon gar keine Fragen mehr stellten, sondern nur noch tatenlos in die Landschaft guckten, weil sie dachten, dass das ganze Fragen ja doch nichts bringt.

[...]

Ich musste an Mutter denken. Ich musste an alle möglichen Kinder in unserer Klasse denken. An Mütter und Väter und daran, dass manche von denen richtig gut miteinander funktionieren und andere überhaupt nicht.

[...]

Dann hatte die Zeit durchgeatmet und es ging so weiter, wie es weitergehen musste. Die Rettungschefs und der Bürgermeister und Adrians Mutter und Daniels Eltern brüllten einander an, wie konnte das passieren, wie konnte das passieren! Kameramänner vom Fernsehen hasteten stolpernd zwischen ihnen herum. Ein vielstimmiges Gemurmel erhob sich von den Zuschauern und stieg zu den Kronen der Bäume rauf und von dort weiter in den graugoldenen Abendhimmel.

Der Bürgermeister tat schliesslich das einzig Vernünftige. Er schnappte sich das Mikro. Junge, brüllte er da rein, Junge, kannst du mich hören? Sofort wurden alle wieder still und keiner bewegte sich mehr, als hätte Gott auf einen Knopf gedrückt.

Knister, knister.

Ich kann Sie hören.

Adrians Stimme.

Kann sein, es kam ein kleiner Laut aus dem knallroten Mund von Adrians Mutter, denn der stand ein bisschen offen. Aber wirklich gehört habe ich nichts. Alle lauschten der Stimme aus der Erde. Der Bürgermeister schluckte, man konnte sehen, wie dieses Ding vorne in seinem Hals, der Adamsapfel, rauf- und wieder runterrutschte. Dann rief er:

Hast du Daniel gefunden? Seid ihr beide wohlauf?

Ich bin unverletzt, hörten alle Adrians Stimme, es geht uns gut. Eine Pause entstand. Ich weiss nicht, warum, aber ich bildete mir ein, dass Adrian soeben die Taschenlampe angeknipst hatte und dass er und Daniel sich im Lichtschein anlächelten. Dann erklang Daniels Stimme:

Eigentlich

[...]

Alle warteten darauf, dass er weitersprach. Aber keiner der Jungen sprach weiter, jedenfalls nicht so, dass man es hören konnte. Da war höchstens noch die Ahnung von einem Flüstern. Ich kannte dieses Flüstern. Es klang wie Wind, der durch Bäume fährt, an denen kaum noch Laub dran ist. Wie Novemberwind.

Es war das Letzte, was man je von Adrian und Daniel hörte.

12. September

Komisch, jetzt hab ich fast zwei Tage lang nichts aufgeschrieben, sondern alles immer nur mit Lena beredet, wieder und wieder. Zwischendurch, genauer gesagt gestern, kam Mama kurz nach Hause. Was für eine Katastrophe, sagte sie und streichelte mir dabei über die Wange, was für eine Katastrophe! Die armen Jungen, hast du die gekannt?

Ich wollte ja sagen, aber das hätte nicht wirklich gestimmt, also schüttelte ich den Kopf. Ich wollte noch eine Menge mehr sagen, aber es ging nicht. Kein Ton kam raus. Ich wartete drauf, dass Mama mit Papa zu streiten anfing oder er mit ihr, aber diesmal blieben sie ganz friedlich. Ich schätze, die haben Muffe, dass ich womöglich auch in irgendein Loch springe, wenn sie sich nicht endlich mal zusammenreissen.

Als Mama wieder ging, dachte ich, nun nimmt sie mich endlich mit, aber Fehlanzeige. Ist mir jetzt auch egal. Mit Lena lässt sich alles viel besser aushalten. Nicht nur dieser Trennungskram von meinen Eltern, sondern auch der Verlust von Daniel und Adrian.

Es war wirklich so: Nachdem Daniel dieses eine letzte Wort gesagt hatte, drang von den beiden kein Laut mehr aus der Erde nach oben. Ein paar Stunden später, das war schon nach Mitternacht, sprach der Bürgermeister zum ersten Mal aus, was alle längst vermuteten: dass da unten irgendwas Schlimmes passiert sein musste.

Das dachten wir alle. Bis heute früh. Denn letzte Nacht sind die Rettungsmannschaften endlich durch den alten Bergwerkseingang bis zu der Stelle gelangt, wo Daniel runtergestürzt war. Da war keiner mehr, weder Daniel noch Adrian. Alle Seitengänge und so weiter wurden sofort abgesucht, aber ohne Erfolg. Angeblich ist der Berg auch nicht weiter verrutscht oder nachgesackt, die Jungen müssten dort sein, sind es aber nicht. Es ist gerade so, als hätten sie in der Dunkelheit da unten überlegt, dass sie auf die Welt da oben keine Lust mehr hatten. Als wäre es ihnen gelungen, ihre Fähigkeiten irgendwie zusammenzulegen, das Schlaue und das Schnelle, und für immer zu verschwinden. Vielleicht hat das nicht länger gedauert, als jemand braucht, um zu blinzeln.

Es ist alles sehr rätselhaft. Ich überlege, ob ich jetzt an UFOs glauben soll. Ich überlege, was wohl geschehen wäre, wenn ich Daniel mal angesprochen hätte oder Adrian. Immerhin waren wir uns ja ein bisschen ähnlich. Ich hab so ein Gefühl, als würde ich die beiden auf den alten Bahngleisen treffen, also geh ich da demnächst mal hin.

Aber in Wirklichkeit weiss ich fast gar nichts. Warum Adrian sich neulich auf diese Gleise gesetzt hat. Woher Daniel wusste, wo er nach ihm suchen musste. Warum die zwei sich überhaupt sofort angefreundet haben. Um Daniel und Adrian herum war alles blau. Blauer, als ich es mir vorstellen kann, und vielleicht sogar blauer, als ich wirklich wissen will. Kann sein, sie haben das gespürt, was ich jetzt bei Lena spüre. Dieses Unsichtbare, das uns alle umgibt, ob wir nun lustig sind oder traurig. Bei Lena und mir hat es ein bisschen gedauert, bis wir es bemerkten, aber um uns herum ist es definitiv gelb.

Und Gelb ist die schönste Farbe der Welt.

«Mama, warum bedroht der Mann die Dame auf der Bühne mit dem Stock?»
«Psst! Er bedroht sie nicht, er ist der Dirigent.»
«Aber wenn er sie nicht bedroht, warum brüllt sie dann so?»

72 ALLER ANFANG IST SCHWER
Robert Gernhardt

"Herr Ober — die Suppe schmeckt so komisch!"

"Und warum lachen Sie dann nicht?"

QUELLENVERZEICHNIS

TEXTQUELLEN

Das Haus im Moor
Seite 4: Erwin Moser, Das Haus im Moor, aus: Hans-Joachim Gelberg (Hrsg.), Eines Tages. Geschichten von überallher, © 2002 Beltz & Gelberg in der Verlagsgruppe Beltz, Weinheim & Basel
Krabat
Seite 5-8: Aus: Otfried Preussler, Krabat, © 1981 by Thienemann Verlag (Thienemann Verlag GmbH), Suttgart-Wien
Niederländisch
Seite 10: Malm den Boesch, Goed Gelezen, groep 8 kopieerbladen, © Uitgeverij MALMBERG, AE` s-Hertogenbosch
Es bärndütsches Gschichtli
Seite 11, 12: Aus: Franz Hohler, Wegwerfgeschichten, © Zytglogge Verlag Oberhofen, 10. Auflage 2003
Fussball – Ein Spiel für Intellektuelle
Seite 13: Aus: Früher waren mehr Tore, Herausgegeben von Daniel Kampa und Winfried Stephan, Copyright © 2008 Diogenes Verlag AG, Zürich
Ein Traum vom Fussball
Seite 14-17: Aus: Lieneke Dijkzeul, Ein Traum vom Fussball, © 2006 Arena Verlag GmbH, Würzburg, Deutschland
Hier kommt Desirée
Seite 18, 19: Hier kommt Desirée aus der Schweizer Illustrierten 2008, © Ringier AG, Zürich
Tintenherz
Seite 20-27: Aus: Cornelia Funke, Tintenherz, Ein Fremder in der Nacht, © Cecile Dressler Verlag GmbH, Hamburg
Stefan
Seite 32: Karin Gündisch, Stefan, © Karin Gündisch, Bad Krozingen
Ich liebe dich
Seite 33: Aus: Schotts Sammelsurium, Ben Schott, © BV Berlin Verlag GmbH, Berlin
Sie kam, sah und simste
Seite 34: Sie kam, sah und simste, © GEOlino Ausgabe 3/2008, Seite 8
Im Speisewagen
Seite 35: Markus Ramseier, Löcher, © Wolfbach Verlag Zürich, Zürich
Mit Tieren ist man nie allein
Seite 36: USA: Allein mit Tieren, © GEOlino Ausgabe 11/2007, Seiten 12-13
Kleiner Streit
Seite 37: Hans Manz, Kleiner Streit, aus: Hans-Joachim Gelberg (Hrsg.), Geh und spiel mit dem Riesen, © 1971 Beltz & Gelberg in der Verlagsgruppe Beltz, Weinheim & Basel
Die Satzzeichentragödie
Seite 38: Aus: Christine Nöstlinger/Jutta Bauer, Ein und alles, © 1992 Beltz & Gelberg in der Verlagsgruppe Beltz, Weinheim & Basel
Ein SMS für Lola
Seite 39-43: Anita Siegfried, Ein SMS für Lola, © Anita Siegfried, Zürich
Mehndi
Seite 44, 45: Rainer Krettek, Das grosse Buch der Henna Tattoos, © 1999 Südwest Verlag, München, in der Verlagsgruppe Random House GmbH
Das Glück
Seite 46, 47: Das Glück aus: Brigitte Labbé, Michel Puech: Denk dir die Welt. Philosophie für Kinder, © 2002 Editions MILAN, Frankreich, © für die deutschsprachige Ausgabe 2003 Loewe Verlag GmbH, Bindlach

Mein Herz ist im Libanon
Seite 48-50: Dreyer, ALLAHS KINDER SPRECHEN SCHWEIZERDEUTSCH, Copyright © 2001 Orell Füssli Verlag AG, Zürich

Wie es allmählich bis zu mir kam
Seite 51: Ernst Jandl, © Friederike Mayröcker, Wien

Der weisse Tod
Seite 52-55: © Bibiana Beglau, Stefan Jäger

Ebbeflut
Seite 56: © Timm Ulrichs, Hannover

Stell Dir vor
Seite 58: Aus: Michèle Lemieux, Gewitternacht, © 1995 Beltz & Gelberg in der Verlagsgruppe Beltz, Weinheim & Basel

Produktnamen
Seite 59: © Andreas Lötscher

Ein Hauch von Mailand
Seite 60-63: Andrea Knecht, Ein Hauch von Mailand, © Andrea Knecht, Bünzen

Weltenbummler
Seite 65: Juan Moreno, Weltenbummler: Sie träumen nicht, sie wagen / Tanja und Denis Katzer, Weltenbummler, © GEO Special Ausgabe 2/2008, Seite 46

Die weite Welt
Seite 66: Aus: Christine Nöstlinger/Jutta Bauer, Ein und alles, © 1992 Beltz & Gelberg in der Verlagsgruppe Beltz, Weinheim & Basel

Der Papalagi
Seite 67-69: Aus: Erich Scheurmann, Der Papalagi: Die Reden des Südsee-Häuptlings Tuiavii aus Tiavea, © 2001/2008 by Oesch Verlag AG, Zürich

Die schwarzen Brüder
Seite 70-73: Hannes Binder/Lisa Tetzner, Die schwarzen Brüder, Roman in Bildern, © 2007 Patmos Verlagsgruppe, Sauerländer Verlag, Mannheim

Ich will dich heut nicht sehen
Seite 74: Bernhard Lins, Ich will dich heut nicht sehen, aus: Hans-Joachim Gelberg, Grosser Ozean. Gedichte für alle, © 2000 Beltz & Gelberg in der Verlagsgruppe Beltz, Weinheim & Basel

Ich bin anders
Seite 75: Lioba Happel, Lucy oder Warum sind die Menschen so komische Leute, © edition pudelundpinscher, Maritz & Gross, Erstfeld, © Lioba Happel

Stephen Hawking – Der «Meister» des Universums
Seite 76-79: Lucy Hawking/Stephen Hawking, Der geheime Schlüssel zum Universum, © 2007 cbj Verlag München, in der Verlagsgruppe Random House GmbH, Übersetzung Irene Rumler

Bin ich schön?
Seite 80: Aus: Michèle Lemieux, Gewitternacht, © 1995 Beltz & Gelberg in der Verlagsgruppe Beltz, Weinheim & Basel

Die Sanduhr
Seite 81: nach einer Idee von Gerri Zotter, Mira Lobe, Renata Welsh, © Gerhard Zotter, Michael Labe, Renate Welsh-Rabady

Jufle
Seite 82-83: Markus Bundi, Das Grinsen des Horizonts, © Edition Klaus Isele, Eggingen, Deutschland

Gedichte im Leben von Jack
Seite 84-87: Sharon Creech, Der beste Hund der Welt, © Fischer Taschenbuch Verlag in der S. Fischer Verlag GmbH, Frankfurt am Main 2003

Die Geschichte vom Holzwurm
Seite 88, 89: Erwin Moser, Die Geschichte vom Holzwurm, aus: Hans-Joachim Gelberg (Hrsg.), Eines Tages. Geschichten von überallher, © 2002 Beltz & Gelberg in der Verlagsgruppe Beltz, Weinheim & Basel

Das Löwengebrüll
Seite 90, 91: Aus: Jürg Schubiger, Als die Welt noch jung war, © 1995 Beltz & Gelberg in der Verlagsgruppe Beltz, Weinheim & Basel

Geisterfahrer
Seite 92-97: Franz Hohler, Geisterfahrer, © Franz Hohler
Turnhalle des Grauens
Seite 105-111: Richard Reich, Turnhalle des Grauens, © Hermes Baby, Zürich
Ihr und ich
Seite: 112, 113: Prof. em. Dr. phil. Kaspar Spinner, Sonderheft Praxis Deutsch, © Kaspar Spinner
Zuckerwattenblau
Seite 114-117: Tania Kummer, Zuckerwattenblau, © Tanja Kummer, Zürich
Im Land der Elfen
Seite 120, 121: Evelyn Runge, Im Land der Elfen – Die verborgenen Leute, © GEOlino extra Ausgabe 9/2006, Seite 80-83
Als die Welt noch nicht vorhanden war
Seite 122: Aus: Jürg Schubiger/Franz Hohler, Aller Anfang, © 2006 Beltz & Gelberg in der Verlagsgruppe Beltz, Weinheim & Basel
Das Bermuda-Dreieck
Seite 123, 124: Sina Löschke, Bermuda-Dreieck: Irrflug über dem Ozean, © GEOlino extra Ausgabe 9/2006, Seite 15-17
Nachtflügel
Seite 125-127: Aus: Keneth Oppel, Nachtflügel, © 2008 Beltz & Gelberg in der Verlagsgruppe Beltz, Weinheim & Basel
Gwydion
Seite 128-131: Aus: Peter Schwindt, GWYDION. DER WEG NACH CAMELOT, © 2008 by Ravensburger Buchverlag Otto Maier GmbH, Ravensburg
Werde ich
Seite 132: Aus: Michèle Lemieux, Gewitternacht, © 1995 Beltz & Gelberg in der Verlagsgruppe Beltz, Weinheim & Basel
Streng geheim
Seite 133-137: Nikolaus Nützel, Sprache oder Was den Mensch zum Menschen macht, © 2007 cbj Verlag, München, in der Verlagsgruppe Random House GmbH
Wenn ich traurig bin
Seite 137: Aus: Michèle Lemieux, Gewitternacht, © 1995 Beltz & Gelberg in der Verlagsgruppe Beltz, Weinheim & Basel
Fast ein Jahr
Seite 138, 139: Februar nach Kerstin Becker, Schneeflocke, © Kerstin Becker, Dresden; April/Oktober: © Kerstin Becker, Dresden; Mai/Juli/September/November, © Lea Kalt, Brugg; August, © Simon Chen, Zürich
Radu und der Mann, der reden wollte
Seite 140-145: Catalin Dorian Florescu, Ach wie gut, dass niemand weiss ..., © Catalin Dorian Florescu, Zürich
Liebe kleine Schwester
Seite 146: Aus: Christine Nöstlinger/Jutta Bauer, Ein und alles, © 1992 Beltz & Gelberg in der Verlagsgruppe Beltz, Weinheim & Basel
Lieber kleiner Bruder
Seite 147: Aus: Christine Nöstlinger/Jutta Bauer, Ein und alles, © 1992 Beltz & Gelberg in der Verlagsgruppe Beltz, Weinheim & Basel
Der Traum vom Fliegen
Seite 148-150: Otto Lilienthal – der Ikarus von Anklam, aus: Christine Schulz-Reiss, Wer war das? Forscher und Erfinder, © 2008 Loewe Verlag GmbH, Bindlach
Ob ich ihr sag, dass ich sie mag?
Seite 151: Christine von dem Knesebeck, Ob ich ihr sag, dass ich sie mag? Aus: Hans-Joachim Gelberg, Grosser Ozean. Gedichte für alle, © 2000 Beltz & Gelberg in der Verlagsgruppe Beltz, Weinheim & Basel
Wo beginnt der Himmel
Seite 152-154: Michelle Pinnow, © Michelle Pinnow, Ehrendingen
Dialog mit einem Stern
Seite 155: Dialog mit den Sternen. Aus: Anne Weber, Ida erfindet das Schiesspulver, © der Originalausgabe Editions du Seuil 1998. © der deutschen Übersetzung Suhrkamp Verlag Frankfurt am Main 1999

An einem bestimmten Punkt
Seite 156: Andreas Neeser, Die Sonne ist ein nasser Hund, © Wolfbach Verlag Zürich, Zürich
Novemberwind
Seite 158-169: Andreas Steinhöfel, Froschmaul-Geschichten, © Carlsen Verlag GmbH, Hamburg 2006

BILDQUELLEN

Seite 8 unten: Buchumschlag: Otfried Preussler, Krabat, © 1981 by Thienemann Verlag (Thienemann Verlag GmbH), Stuttgart-Wien
Seite 15+17: © Sailer Verlag, Redaktion Spick, Nürnberg
Seite 17 unten: Aus: Lieneke Dijkzeul, Ein Traum vom Fussball, Illustrationen von Martijn van der Linden, © 2006 Arena Verlag GmbH, Würzburg, Deutschland
Seite 27 unten: Tintenherz, Tintenblut, Tintentod, © Cecile Dressler Verlag GmbH, Hamburg
Seite 28: Tanzende Nana, © akg-images, Berlin; © Pro-Litteris, Zürich
Seite 29 oben: Shunk-Kender, © Roy Lichtenstein Foundation; © Pro-Litteris, Zürich; unten: © Giulio Pietromarchi; © Pro-Litteris, Zürich
Seite 30: © Roman Schurter
Seite 31: © Laurent Condominas; © Pro-Litteris, Zürich
Seite 36: © Eugene Richards/Reportage by Getty Images
Seite 52: © Keystone/Fabrice Coffrini
Seite 53 links: © Keystone/DENIS EMERY; rechts: © Keystone/PIUS GUGGENBUEHL
Seite 58: Aus: Michèle Lemieux, Gewitternacht, © 1995 Beltz & Gelberg in der Verlagsgruppe Beltz, Weinheim & Basel
Seite 59: © adidas sport GmbH, Cham; © Nike (Schweiz) GmbH; © Puma (Schweiz) AG, Oensingen; © Wander AG, Neuenegg; © LEGO GmbH, Grasbrunn
Seite 64: Meine Ferien, aus: Christine Nöstlinger/Jutta Bauer, Ein und alles, © 1992 Beltz & Gelberg in der Verlagsgruppe Beltz, Weinheim & Basel
Seite 66: Aus: Christine Nöstlinger/Jutta Bauer, Ein und alles, © 1992 Beltz & Gelberg in der Verlagsgruppe Beltz, Weinheim & Basel
Seite 70-74: Hannes Binder/Lisa Tetzner, Die schwarzen Brüder, Roman in Bildern, © 2007 Patmos Verlagsgruppe, Sauerländer Verlag, Mannheim
Seite 76/77: © Keystone/AP/Lynne Sladky
Seite 78/79: © Keystone/AP/ZERO GRAFITY CORP
Seite 80: Aus: Michèle Lemieux, Gewitternacht, © 1995 Beltz & Gelberg in der Verlagsgruppe Beltz, Weinheim & Basel
Seite 104: aus WERNER SAMMELBAND 5, «Werner - Normal Ja», © Brösel, www.werner.de
Seite 121: http://frontpage.simnet.is/solvellir15a
Seite 127: Aus: Keneth Oppel, Nachtflügel, © 2008 Beltz & Gelberg in der Verlagsgruppe Beltz, Weinheim & Basel
Seite 131: Aus: Peter Schwindt, GWYDION. DER WEG NACH CAMELOT, © 2008 by Ravensburger Buchverlag Otto Maier GmbH, Ravensburg
Seite 136: © www.dominiklandwehr.net/weblog/
Seite 148/149: © Otto Lilienthal Museum, Anklam
Seite 157: Robert Gernhardt, Ganz schön zeitkritisch, aus: ders., Vom Schönen, Guten, Baren, © Robert Gernhardt 1997. Alle Rechte vorbehalten S. Fischer Verlag GmbH, Frankfurt am Main
Seite 170: Robert Gernhardt, Aller Anfang ist schwer, aus: ders., Vom Schönen, Guten, Baren, © Robert Gernhardt 1997. Alle Rechte vorbehalten S. Fischer Verlag GmbH, Frankfurt am Main

Nicht in allen Fällen war es dem Verlag möglich, den Rechteinhaber ausfindig zu machen. Berechtigte Ansprüche werden im Rahmen der üblichen Vereinbarungen abgegolten.

IMPRESSUM

Autorenteam	*Svenja Herrmann*
	Maria Riss
	Dieter Schlachter
Projektleitung	*Roman Schurter*
Textlektorat	*Ilse Rimoldi*
Illustrationen	*Corinne Bromundt*
Produktion	*Roland Kromer*
Grafische Gestaltung	*Raffael Bachmann*
Begleitkommission	*Jeanine Käppeli*
	Katrin Messerli
	Peter Steffen
	Edi Zumbühl

ilz

Lehrmittel der Interkantonalen
Lehrmittelzentrale

schulverlag plus

© 2010 Schulverlag plus AG
Art.-Nr. 80274
ISBN 978-3-292-00631-8

Alle Rechte vorbehalten. Das Werk und seine Teile sind urheberrechtlich geschützt. Nachdruck, Vervielfältigung jeder Art oder Verbreitung – auch auszugsweise – nur mit vorheriger schriftlicher Genehmigung des Verlags.